藏在
成语里的
中国史 5

韩明辉
著

CTS 湖南文艺出版社
HUNAN LITERATURE AND ART PUBLISHING HOUSE

小博集

图书在版编目（CIP）数据

藏在成语里的中国史 . 5 / 韩明辉著 . —— 长沙：湖
南文艺出版社，2022.8
ISBN 978-7-5726-0735-6

Ⅰ . ①藏… Ⅱ . ①韩… Ⅲ . ①汉语 - 成语 - 儿童读物
②中国历史 - 儿童读物 Ⅳ . ① H136.31-49 ② K209

中国版本图书馆 CIP 数据核字（2022）第 103001 号

上架建议：畅销·传统文化

CANG ZAI CHENGYU LI DE ZHONGGUOSHI. 5
藏在成语里的中国史 . 5

著　　者：韩明辉
出 版 人：曾赛丰
责任编辑：刘雪琳
策划编辑：蔡文婷
特约编辑：王佳怡　安玉茹
营销支持：付　佳　付聪颖　周　然　杨　朔
装帧设计：利　锐
内文插图：东麒阁
出　　版：湖南文艺出版社
　　　　　（长沙市雨花区东二环一段 508 号 邮编：410014）
网　　址：www.hnwy.net
印　　刷：北京中科印刷有限公司
经　　销：新华书店
开　　本：700mm×980mm　1/16
字　　数：87 千字
印　　张：9
版　　次：2022 年 8 月第 1 版
印　　次：2022 年 8 月第 1 次印刷
书　　号：ISBN 978-7-5726-0735-6
定　　价：35.00 元

若有质量问题，请致电质量监督电话：010-59096394
团购电话：010-59320018

目录

cháng jiǔ zhī jì

长久之计

一场酒局解除了将领的兵权

北宋 司马光

长久之计，出现在我的《涑（sù）水记闻》："吾欲息天下之兵，为国家建长久之计，其道何如？"

长久之计，讲的是赵匡胤希望建立一个长治久安的国家的故事。为防止武将通过兵变改朝换代，赵匡胤"杯酒释兵权"，轻松解除了禁军将领对自己的威胁。为防止藩镇割据，赵匡胤实行重文轻武的政策，使地方难以与中央对抗。这一系列措施加强了专制主义中央集权统治。

释 义	指长远的打算。
近义词	百年大计
反义词	权宜之计

| 例　句 | 据我看来，这个形景恐非长策，要做长久之计方可。（曹雪芹《红楼梦》） |

宋太祖赵匡胤自从做了皇帝之后，一直在苦思冥想一个问题，那就是如何才能建立一个长治久安的国家。

有一天，赵匡胤把宰相赵普召来，并问他："从唐朝末年到现在，数十年间，帝王换了八家，仗打个没完没了，老百姓苦不堪言，为什么会这样呢？我想结束战争，为国家做长久之计，你有什么好办法吗？"

赵普回答说："之所以如此，是因为藩镇权力太大，导致君

弱臣强。要想改变这种状况，唯有削弱他们的权力，控制他们的钱粮，约束他们的士兵，这样天下自然就安定了！"

赵普的一番话让赵匡胤醍（tí）醐（hú）灌顶。不等赵普说完，赵匡胤便兴奋地说："你不用再说了，我知道该怎么做了！"

不久，赵匡胤大摆宴席，邀请当初帮助他夺取皇位的禁军将领石守信等人一起喝酒。

席间，赵匡胤一脸忧愁地对他们说："要是没有你们，我也不可能登上皇位。然而我虽然贵为天子，却不如做一个节度使快乐。如今，我天天都睡不安稳啊！"

石守信等人十分好奇地问："陛下在为什么事发愁呢？"

"其实很容易猜到！我这个位置，谁不想坐呢？"

"陛下何出此言？如今天命已定，谁敢有二心？"

"并非如此！你们虽无二心，但是你们手下的人想要荣华富贵。一旦将黄袍披到你们身上，你们即便不想做皇帝，能阻止得了吗？"

石守信等人见遭到皇帝猜忌，顿时大惊失色，连忙放下手里的酒杯，跪倒在地，一边叩头，一边哭着说："我们虽然愚钝，却也不至于让事情发展到这种地步。希望陛下怜悯我们，给我们指一条生路！"

赵匡胤立刻换上一副笑脸，并对他们说："人生如白驹过隙，那些想要荣华富贵的人，不过是想多积累一些钱财，多多娱乐，

让子孙后代免于贫困。你们不如放弃兵权，到地方上做官，多置办一些良田美宅，为子孙置办一些永久的产业。你们再多买一些歌姬，天天饮酒作乐，逍遥地度过一生。咱们君臣之间，从此再无猜疑，上下相安，这样不是很好吗？"

石守信等人纷纷表示："陛下考虑得实在太周到了！对我们来说，简直就是恩同再造！"

第二天，石守信等人纷纷称病，并请求解除自己的兵权。

就这样，赵匡胤轻松解除了禁军将领对自己的威胁。这件事被称为"杯酒释兵权"。

随后，为防止再出现武将通过兵变改朝换代以及藩镇割据的事情，赵匡胤采用重文轻武的政策，派文官管理军队。

　　重文轻武就像一把双刃剑，好处是它可以有效预防武将和藩镇作乱，坏处是文官不懂军事，导致士兵的战斗力非常低。当遭遇外族进扰时，宋军往往被打得溃不成军。

作者说 超有料

　　杯酒释兵权是一种通过和平手段从功臣手中夺取兵权的方式，既没有屠杀功臣，又成功预防了武将叛变夺权，与汉高祖刘邦等帝王为巩固皇权不惜滥杀功臣相比，是十分值得称道的。

　　不过，话又说回来了，那些禁军将领能帮助赵匡胤把周恭帝赶下台，赵匡胤解除他们的兵权，难道就不怕他们**狗急跳墙**，把他也赶下台吗？事实上，这时候赵匡胤已经牢牢地控制了禁军，要不然他又岂能喝个酒就能搞定这些禁军将领呢？

jiǔ ài fēn tòng
灸艾分痛
皇帝死得很蹊跷

灸艾分痛，出现在由我主持修撰的《宋史·太祖本纪》："太宗尝病亟（jí），帝往视之，亲为灼艾。太宗觉痛，帝亦取艾自灸。"

灸艾分痛，讲的是宋太祖赵匡胤帮助弟弟赵光义治病的故事。赵匡胤对赵光义非常疼爱，但让后人愤愤不平的是，赵光义很有可能是杀害赵匡胤的凶手，他还抢走了本属于赵匡胤的儿子的皇位。

元 脱脱

释　义	指兄弟间互相体贴和友爱。
近义词	兄友弟恭
反义词	兄弟阋（xì）墙、煮豆燃萁（qí）
例　句	所赖众弟兄等，同心一意，顿兴灸艾分痛之真情；因病生怜，遂起借花献佛之妄念。（李贽《焚书》）

　　晋王赵光义是赵匡胤的弟弟，赵匡胤非常疼爱他。

　　有一次，赵光义得了病，赵匡胤听说后，便**心急如焚**地跑到他家看望他。

　　为了让赵光义早日康复，赵匡胤亲自用艾草为他熏灼穴位。当赵光义感到疼痛时，赵匡胤甚至不惜用艾草熏灼自己的穴位，来替赵光义分担疼痛。

　　此外，一旦有什么军国大事，赵匡胤也都会跟赵光义商议。

　　有一天，赵匡胤病重，大半夜将赵光义召进皇宫跟他商量后事。

　　当时，房间里只有他们两兄弟。有人远远地看到烛光下赵光义时常离开席位，做躲避之状，还听到赵匡胤拿着柱斧戳雪的声音。这就是"烛影斧声"的故事。

　　奇怪的是，赵匡胤当天夜里便去世了。更奇怪的是，赵光义随即做了皇帝。

　　众所周知，皇帝去世一般由皇子继承皇位，哪怕皇子只有几个月大都是可以继承皇位的，但赵匡胤明明有两个已经成年的儿子，为什么赵光义却偏偏做了皇帝呢？

于是，有人怀疑，赵匡胤不是病死的，而是被赵光义害死的。

为了证明自己即位合法，赵光义在即位五年后，让赵普拿出了"金匮（guì）之盟"。

什么是"金匮之盟"呢？原来，赵匡胤的妈妈杜太后在临终前，担心赵匡胤去世时他儿子的年龄还小，一旦做了皇帝，会像赵匡胤夺取周恭帝的江山一样被别人夺去江山，于是叮嘱赵匡胤让他死后将皇位传给弟弟赵光义，还让宰相赵普将此事记录下来并藏在金匮之中，因此被称为"金匮之盟"。

不过，很多人怀疑"金匮之盟"是赵光义伪造的。因为杜太后死时，赵匡胤才三十五岁，她怎么知道赵匡胤去世时他儿子还小呢？此外，赵光义一直想证明自己即位的合法性，如果真有"金匮之盟"，他为什么不早点拿出来呢？

怀疑归怀疑，但赵匡胤到底是怎么死的，至今仍存在很大争议。

作者说
超有料

虽然没有人能够确定赵匡胤是怎么死的，但很多人倾向于他是被赵光义毒死的。为什么这么说呢？有两个理由：一、御医普遍会制毒，而赵匡胤去世的当天夜里，就有个御医大半夜不睡觉，在赵光义家门外徘徊，这说明他知道当晚会发生大事；二、相传赵光义是个下毒惯犯，据说他曾毒死后蜀国主、南唐后主和吴越国王。

此外，有一点是可以肯定的，赵匡胤不是被劈柴用的斧子劈死的，因为"烛影斧声"中的"斧"指用水晶制成的柱斧。柱斧不太容易杀人，即便用来杀人，死者身上也一定会有伤，很容易被察觉，而赵匡胤死时身上并没有任何伤。

chéng xià zhī méng

城下之盟

一个带有屈辱性的盟约

城下之盟，出现在由我主持修撰
的《宋史·寇准传》："城下之盟，《春
秋》耻之；澶（chán）渊之举，是城
下之盟也。以万乘之贵而为城下之盟，
其何耻如之！"

城下之盟，讲的是北宋与大辽订
立澶渊之盟的故事。其间，来势汹汹
的大辽之所以没能讨得太多便宜，是
因为宰相寇准应付得当。所以说，寇
准对北宋而言功勋卓著。但谁能想到，
昏聩不明的宋真宗在小人的挑拨之下，
却将澶渊之盟看作一种耻辱。

元　脱脱

释　义　指在敌国兵临城下时被迫签订的屈辱性的盟约。后也
　　　　泛指被迫签订的带有屈辱性的条约。

例　句　1871 年，法国在凡尔赛唯德国之命是从订立了城下之

盟，备受国土肢解、赔偿军费以及敌军占领的苦楚。

（巴巴拉·塔奇曼《八月炮火》）

为收复被大辽侵占的幽蓟十六州，宋太宗赵光义曾多次率军进攻大辽，但都铩羽而归。

等到赵光义的儿子宋真宗即位的时候，大辽的萧太后与皇帝辽圣宗却亲自率军大举进攻宋朝。

辽军一路势如破竹，直达澶州，甚至威胁到大宋的都城开封。大宋君臣无不震惊，大臣王钦若建议迁都金陵，而大臣陈尧叟却建议迁都成都。

宋真宗拿不定主意，于是召来宰相寇准，并问他："有人建议迁都金陵，有人建议迁都成都，你怎么看？"

寇准明知道是谁出的馊主意，却假装不知，然后对宋真宗说："为陛下出这种馊主意的人，论罪当诛！如果陛下能御驾亲征，敌人将不战而逃。如果迁都，必定军心涣散，敌人就会趁机长驱直入，到那时国家还能保住吗？"随后，寇准又恳请宋真宗驾临澶州，亲自督战。

宋真宗是个胆小鬼，本来不想御驾亲征，但经不住寇准苦劝，最终还是勉强答应了。

宋真宗一到达澶州，宋军士气顿时大增，个个欢呼雀跃，欢呼声甚至传到数十里外。辽军见状，无不惊讶。

双方对峙十几天后，宋军射杀了辽军大将，辽军十分惊恐，

便派使者出使大宋并请求议和。

宋真宗自然求之不得，但是寇准强烈反对，因为寇准希望大辽使者能向大宋称臣，并且献出幽州。

当时，宋真宗已将军务全权委托给寇准。有人趁机向宋真宗进谗，说寇准反对议和是因为他想继续执掌兵权，借以抬高自己的地位。

寇准担心自己遭到宋真宗猜忌，这才被迫同意跟大辽议和。

随后，宋真宗派大臣曹利用到辽营跟萧太后、辽圣宗商议议和事宜。

出发前，曹利用问宋真宗："如果辽人向我们索要岁币怎么办？"

宋真宗沉思片刻，回答说："一百万以下都可接受！"

正当曹利用准备出发时，寇准却把他叫到自己的营帐中。

寇准一脸严肃地对他说："如果给大辽的岁币超过三十万，我就杀了你！"

经过曹利用一番讨价还价之后，萧太后、辽圣宗最终答应，只要宋朝每年给大辽三十万岁币，大辽就立刻撤军。

这场盟约被称为"澶渊之盟"。

寇准立了大功，宋真宗对他十分敬重，而王钦若却对他十分嫉妒。

有一天，宋真宗目送寇准离开后，王钦若对宋真宗说："陛下如此敬重寇准，是因为他对朝廷有功吗？"

宋真宗点了点头。

王钦若却说："澶州之战，陛下为什么不感到耻辱，反而还说寇准对朝廷有功呢？"

王钦若的话让宋真宗摸不着头脑。宋真宗反问道："为什么这么说呢？"

"签订城下之盟，就连孔子编撰的《春秋》都认为是一种耻辱，而澶渊之盟不就是城下之盟吗？陛下以万金之躯与敌人签订城下之盟，还有什么比这更让人感到耻辱的吗？"

宋真宗听罢，大为不悦。

王钦若继续说："陛下听说过赌博吗？赌徒快把钱输完时，

就会拿出全部赌资去赌一把，这叫孤注一掷，而陛下就是寇准的最后一把赌注。这对陛下来说实在太危险了！"

经过王钦若一番挑拨，宋真宗从此开始渐渐疏远寇准，以致寇准被罢相。

作者说
超有料

　　澶渊之盟，虽然对大宋而言是一种带有屈辱性的盟约，但大宋能够用这笔钱换取上百年的和平也是值得的。更何况这些钱还不足军费的百分之一，并且可以从宋辽贸易中赚回来。此外，澶渊之盟还促进了宋辽之间的经济交流、文化交流以及民族融合。

bù kě jiù yào

不可救药

两位皇帝都成了俘虏

元
脱
脱

不可救药，出现在由我主持修撰的《宋史·钦宗纪赞》："惜其乱势已成，不可救药，君臣相视，又不能同力协谋，以济斯难，惴惴然讲和之不暇。卒致父子沦胥，社稷芜弗。"

不可救药，讲的是宋徽宗、宋钦宗父子被金军俘虏的故事。宋徽宗是一个十分昏庸的皇帝。他生活奢侈，并重用蔡京、童贯等小人，致使国家腐败不堪，老百姓纷纷起义。当他将皇位传给宋钦宗时，北宋已经是一个千疮百孔、不可救药的国家，所以他们父子才会沦为俘虏。

释 义　指病得很重，已不能救治。多比喻人或事情已经坏到了无法挽救的地步。

近义词	病入膏肓、朽木不可雕
例　句	玛琳娜告诉亚伦，她知道他和一些不良分子混在一起，担心他会惹上更大的麻烦。但不论出现什么情况，她都会永远和他在一起。对此，阿瑟感到十分气愤。他知道正是因为他们当中有人表现得不可救药、软弱无能，才令玛琳娜产生了怜悯之心。这是他无法容忍的。（丹尼尔·凯斯《24个比利》）

北宋末年，居住在中国东北地区的女真族逐渐崛起，并建立大金政权。

当大金崛起的时候，北宋在宋徽宗的统治下却变得腐朽不堪，以致全国各地到处都是农民起义。

就在北宋危机四伏的时候，宋徽宗为一雪上百年来遭受大辽欺凌的耻辱，悄悄与大金签订"海上之盟"，联手进攻大辽。

北宋与大金还互相约定，灭掉大辽后，北宋将每年送给大辽的岁币转送给大金，大金将大辽侵占北宋的土地归还北宋。

签订完盟约之后，宋军与金军开始同时进攻大辽。没想到宋军却不堪一击，接连被辽军打败。反观金军，却节节胜利。最终，大辽被金军给灭掉了。

大辽灭亡后，按照约定，大金理应将大辽侵占北宋的土地还给北宋，然而让宋徽宗万万没有想到的是，大金不但不还，还派

兵攻打北宋。

　　宋军连辽军都打不过，又岂是金军的对手？所以，两军一交战，宋军就被打得毫无还手之力。

　　宋徽宗听说金军大举南下，吓得心胆俱裂，连忙将皇位传给儿子宋钦宗。

　　宋钦宗也知道，此刻皇位就是个烫手山芋，所以痛哭流涕，不肯即位。但父命难违，他最终还是继承了皇位。

　　宋钦宗一即位，立刻组织大军进行抵御，但仍被金军攻破都城。

　　此刻，宋钦宗仅仅做了一年多的皇帝，就与宋徽宗一同成了金军的俘虏。

攻破都城之后，金军将城里的财物劫掠一空，然后押着宋徽宗、宋钦宗、妃嫔等数千人返回大金。

由于此事发生在靖康年间，因此被称为"靖康之变"。北宋从此灭亡。

不过，值得庆幸的是，北宋灭亡后，宋钦宗的弟弟——宋高宗赵构随即在南京（今河南商丘南）登基称帝，后来又定都临安（今浙江杭州），史称"南宋"。

作者说
超有料

对宋徽宗而言，与大金联手灭掉大辽其实是一步臭棋。为什么这么说呢？因为大辽夹在北宋与大金之间，它可以帮助北宋抵挡金军的进攻。一旦大辽灭亡，金军下一个消灭的目标就是北宋。尽管有大臣看出联金灭辽的利害关系，并且极力劝阻宋徽宗，但宋徽宗被仇恨冲昏了头脑，以致做出这种自毁长城的事，所以才会酿成靖康之祸。

莫须有
mò xū yǒu

爱国将领尽忠报国，却遭冤杀

　　莫须有，出现在由我主持修撰的《宋史·岳飞传》："狱之将上也，韩世忠不平，诣桧诘其实。桧曰：'飞子云与张宪书虽不明，其事体莫须有。'世忠曰：'莫须有三字何以服天下？'"

　　莫须有，讲的是爱国将领岳飞被冤杀的故事。岳飞一生主张北伐，收复被金军占领的失地，但皇帝宋高宗与奸相秦桧都主张议和。再加上宋高宗担心功高震主的岳飞会威胁到他的统治，这才与秦桧合谋，以"莫须有"的罪名杀了岳飞。岳飞一死，南宋再也无力收复失地，只能偏安江南。

元 脱脱

释　义	也许有。后表示凭空捏造。
近义词	无中生有、空穴来风

反义词	铁证如山、有案可稽
例　句	与司马光同样遭遇到大麻烦的是苏轼，有人突然污告他贩卖私盐！这种莫须有的罪名，明显就是一种政治陷害，而阴谋的主角，正是新党。（阿越《新宋》）

　　南宋初年，为收复被金军占领的土地，有一位叫岳飞的将领曾多次率领岳家军北伐。

　　在岳飞的带领下，岳家军屡屡大败敌军。为此，宋高宗曾亲自写下"精忠岳飞"四个字，然后制成锦旗赐给了岳飞。

每次跟敌军交战，岳飞只要亮出"岳"字旗和"精忠"旗，敌军就会被吓得不战而逃。

宋高宗还夸奖岳飞说："有你这样的将领，我还有什么可忧虑的呢？中兴大宋的重任就全拜托你了！"

有一天，金军将领完颜宗弼（bì）对诸将说："宋军将领，除了岳飞其他都不足为惧！我打算将岳飞引诱出来，然后集中兵力将他消灭！"诸将纷纷表示赞同。

朝廷得到消息，无不震惊，宋高宗甚至还下诏提醒岳飞，以免中计。

岳飞却自信满满地说："金人已经黔驴技穷，不必担心！"随后，他派人向金军发出挑战。

金军不敢应战，岳飞为引蛇出洞，便派人辱骂金军。完颜宗弼怒不可遏，立刻发兵攻打宋军。

双方激战数十个回合，金军被宋军杀得尸横遍野。就连完颜宗弼最得意的精锐骑兵——拐子马也被岳家军杀得溃不成军。

完颜宗弼不禁号啕大哭道："我自海上起兵以来，全靠拐子马取胜，今天全完了！"

不久，完颜宗弼企图强迫壮丁抵抗岳飞，但是整个河北没有一个人服从他的命令。完颜宗弼仰天长叹道："我自北方起兵以来，还从来没有遇到过像今天这样的挫败！"

正当完颜宗弼打算放弃开封逃跑时，有一位书生拦住了他，说："将军不必着急离开，岳飞很快就会退兵！"

完颜宗弼十分沮丧地说："岳飞用五百名骑兵打败了我十万大军，而开封城内的老百姓也日夜盼望着他前来，我怎么能守得住呢？"

书生笑道："从古至今，没有权臣在内把持朝政而大将还能在外建功立业的！岳飞如今已是自身难保，更别说建功立业了！"

完颜宗弼恍然大悟，这才留下。

果然，没过多久，一向主张跟金军议和的大奸臣秦桧，一再怂恿宋高宗将岳飞从前线召回。

宋高宗也主张议和，因此在一天之内连下十二道金牌，命令岳飞班师回朝。

　　岳飞深知，他一旦退兵，北伐大业将前功尽弃，于是苦苦劝谏宋高宗，但宋高宗就是不听。

　　退兵前，岳飞悲恸欲绝地说："十年的努力，恐怕将会毁于一旦！"

　　正如岳飞所料，他前脚刚走，金军后脚就占领了宋军收复的土地。

　　不久，完颜宗弼给秦桧写信说："想跟我们议和，必须杀掉岳飞才行！"

　　秦桧心里也清楚，岳飞如果不死，一定会阻止他跟金军议和，于是开始谋害岳飞。

　　秦桧先派手下人诬告岳飞手下的将领张宪暗中谋划，逼迫朝廷将兵权交还给岳飞，然后将岳飞、岳飞的儿子岳云以及张宪一同关进监狱。

　　随后，秦桧派人审讯岳飞。岳飞撕开衣服，将后背给主审官看，只见上面赫然刺着"尽忠报国"四个大字。

　　主审官十分震撼，认为岳飞对朝廷忠心耿耿，不可能有二心。经过一番审查，他向秦桧报告说，岳飞是无辜的。

　　秦桧大为恼火，将主审官训斥一顿，然后又派自己的心腹万（mò）俟（qí）卨（xiè）审讯岳飞。

　　万俟卨按照秦桧的授意，诬陷岳飞曾给张宪写信，让他谎报军情以惊动朝廷，还诬陷岳云曾给张宪写信，让张宪想办法让岳飞回到军中。

有了"罪证"，秦桧立刻派人将岳飞残忍杀害在监狱之中。岳飞去世时，年仅四十岁。与此同时，岳云、张宪也被斩杀在闹市之中。

岳飞被杀，大将韩世忠愤愤不平地质问秦桧："你说岳飞有二心，有没有真凭实据呢？"

秦桧不屑地说："岳飞的儿子岳云给张宪写信这事虽然不明确，但也许是有的！"

韩世忠非常生气："'也许有'三个字怎么能让天下人信服呢？"

秦桧一时语塞。

金军听说岳飞被冤杀后是什么反应呢？当时有个人正出使大金，他目睹了这一切，便上奏高宗，说："金人唯独惧怕岳飞一人，甚至称他为'岳爷爷'。金军听说岳飞被杀，无不举杯庆贺！"

作者说
超有料

你是不是以为岳飞背上刺的是"精忠报国"？其实，并非如此。《宋史·岳飞传》上明确记载，岳飞背上刺的是"尽忠报国"。那么，为什么大家都说是"精忠报国"呢？这是因为后人将宋高宗赐给岳飞的"精忠岳飞"的锦旗与"尽忠报国"混为一谈了，再加上一些戏曲、小说的演义，就渐渐传成了"精忠报国"。

yòng bīng rú shén

用兵如神

一代天骄横扫欧亚大陆

用兵如神，出现在由我主持修撰的《元史·太祖本纪》："帝深沉有大略，用兵如神，故能灭国四十，遂平西夏。"

用兵如神，讲的是成吉思汗擅长领兵作战的故事。成吉思汗虽然打小被自己部落的民众抛弃，但长大后依然凭借出色的领导能力成为部落的首领，并且凭借超凡的军事天赋统一蒙古部落，然后带领蒙古人横扫欧亚大陆，着实让人钦佩。

明 宋濂

释　义	调兵遣将、指挥作战如同神人一般。形容极善于指挥军队作战。
近义词	料敌制胜
反义词	纸上谈兵

例　句　徐州沛县芒砀山中，新有一伙强人，聚集着三千人马。为头一个先生，姓樊，名瑞，绰号混世魔王，能呼风唤雨，用兵如神。（施耐庵《水浒传》）

南宋时期，内蒙古大草原上有很多部落。这些部落为了争夺人口、牲畜和水源经常自相残杀。

其中，蒙古乞颜部的首领名叫也速该。有一年，他在攻打塔塔儿部时，擒获了塔塔儿部的首领铁木真。为了庆祝这场胜利，他便给刚出生的儿子取名为铁木真。

不过，让也速该没有想到的是，在铁木真九岁的时候，他却被塔塔儿人害死了。

俗话说，福无双至，祸不单行。也速该去世后，铁木真一家随即被自己部落的民众抛弃了。

当时，在大草原上，如果没有强壮的男人养家糊口，一家人是很难生存下去的，所以铁木真和妈妈过得十分艰辛，时常靠吃野果和草根维持生活。

尽管如此，长大后的铁木真却凭借优秀的领导能力重新回到乞颜部，并且被推举为首领。

扎答阑部首领札木合不愿看到乞颜部壮大，便联合十三个部落攻打乞颜部，并且企图除掉铁木真。

　　铁木真虽然一生几乎没有打过败仗，但双拳难敌四手，最终还是被打败了。

　　值得庆幸的是，虽然铁木真惨败，札木合却不得人心，所以很多部落首领纷纷率领民众投靠了铁木真，致使铁木真的势力迅速壮大。

　　经过多年的南征北战，铁木真逐步统一了蒙古各部落，并且被推举为大汗，建立蒙古汗国。铁木真也因此被尊称为"成吉思汗"。

　　紧接着，成吉思汗开始率领蒙古铁骑四处征战。由于他用兵如神，一连灭掉了四十个国家。

　　成吉思汗去世后，他的子孙率领蒙古铁骑横扫欧亚大陆，击败匈牙利、俄罗斯，灭掉了阿拉伯帝国等国，建立了一个横跨欧亚大陆的蒙古帝国。

作者说
超有料

蒙古人能够横扫欧亚大陆完全归功于成吉思汗。事实上，很多人可能还不知道，在成吉思汗统一蒙古各部落之前，蒙古人在数百年间一直备受大辽、大金的压迫。之所以如此，是因为那时候还没有人一统蒙古各部落，蒙古人就如同一盘散沙，战斗力非常弱。直到成吉思汗统一蒙古各部落后，蒙古人才表现出惊人的战斗力，进而横扫四方。

唇亡齿寒

一步臭棋，毁了一个王朝

元 脱脱

唇亡齿寒，出现在由我主持修撰的《金史·哀宗本纪》："大元灭国四十，以及西夏，夏亡及于我。我亡必及于宋。唇亡齿寒，自然之理。"

唇亡齿寒，讲的是南宋联蒙灭金的故事。大金曾给北宋、南宋带来无尽的灾难和耻辱。比如，靖康之变以及南宋向金称臣并且每年要纳贡。这些无不让南宋君臣对大金恨得咬牙切齿。正是为了雪耻，南宋君臣才不顾唇亡齿寒的道理，联蒙灭金。

释 义 嘴唇没有了，牙齿就会感到寒冷。比喻双方互相依存，利害攸关，关系极为密切。

近义词 唇齿相依、巢倾卵破

例　句　什么联姻亲情，什么多年交情，什么唇亡齿寒，比得上铲除掉这帮逆贼带来的权力空位来得实在？（烽火戏诸侯《雪中悍刀行》）

南宋末年，曾经辉煌一时的大金逐渐衰落，并且屡屡被蒙古帝国打得溃不成军。

南宋皇帝宋理宗见大金落难，一心想要一雪靖康之耻的他，便决定联蒙灭金，收复中原。

金哀宗得到消息后，顿时吓坏了，连忙派使者出使南宋，并对宋理宗苦苦哀求道："蒙古军已经灭掉了四十个国家以及西夏，西夏灭亡之后，接下来就会灭掉我大金。我大金灭亡之后，就轮到你们

宋朝了。唇亡齿寒，这是很明显的道理。不如你我联手！这样既帮了我，也帮了你自己！"

与此同时，南宋的一位大臣也站出来劝宋理宗说："当初北宋与大金签订海上之盟，联金灭辽，虽然灭掉了大辽，但大辽灭亡之后，北宋反而被大金给灭掉了。如今联蒙灭金，等大金灭亡之后，难保我们不会被蒙古帝国给灭了！希望陛下三思，千万不要重蹈覆辙！"

宋理宗一心想要报复大金，哪里顾得上考虑将来的事，所以执意要联蒙灭金。

在宋军与蒙古军的双重夹击下，金哀宗被迫上吊自杀，大金随之灭亡。

大金灭亡后，宋理宗和南宋群臣个个都感到扬眉吐气。为此，宋理宗还特意去太庙，将这个天大的喜讯告诉了列祖列宗。

然而，当宋理宗和大臣们还沉浸在喜悦之中的时候，一场让他们意想不到的大灾难突然来临：他们曾经的盟友——蒙古大军骑着战马，挥舞着弯刀、长矛向他们杀来了。

等到成吉思汗的孙子忽必烈继承大汗之位后，将国号改成了"元"，并定都大都（今北京）。

元军在忽必烈的指挥下，很快便攻破了南宋的都城，南宋从此宣告灭亡。

作者说

超有料

联蒙灭金跟联金灭辽一样，都是一步致命的臭棋。尽管有前车之鉴，但没有远见的南宋统治者依然像飞蛾扑火一样自取灭亡。其结果就是，他们虽然痛快一时，却给南宋带来灭顶之灾。

xī tái tòng kū

西台恸哭

爱国名将宁死不降

南宋 谢翱

西台恸哭，出现在我的《登西台恸哭记》。爱国名将文天祥抗元失败被杀后，我与友人登上严子陵钓台的西台祭奠，并创作了《登西台恸哭记》。

西台恸哭，讲的是文天祥宁死不降的故事。文天祥文武双全，并且曾经高中状元。从南宋灭亡的那一刻起，他一直在努力抗击元军，但由于势单力薄，最终成了元军的俘虏。尽管如此，他依然保持着民族气节，直到英勇就义。

释 义	指亡国之痛。
近义词	禾黍（shǔ）之悲
例 句	我们在山头那株樟树下的石栏上坐了好久，增蝦并且

还指着山下的一块汉高士严子陵先生垂钓处的石碑，将范文正公的祠堂记，以及上面七里泷边东台西台的故事，译给了这一位少校听。他听到了谢翱的西台恸哭的一幕，却兴奋起来了，说："为什么不拿这个故事来做一本戏剧？像席勒的《威廉退儿》一样，这地方倒也很可以起一座谢氏的祠堂。"（郁达夫《过富春江》）

南宋灭亡后，端宗、帝昺（bǐng）在闽广建立了流亡政权，文天祥、张世杰、陆秀夫等一批大臣继续抗击元军。

其间，尽管文天祥的妻子和女儿被元军俘虏，他母亲和仅剩的一个儿子也死于瘟疫，但这依然没有动摇文天祥与元军血战到底的决心。

有一天，文天祥正在吃饭，却突然遭元军偷袭。文天祥见无路可逃，便想吞药自杀，却没有死成，因此被元军俘虏。

随后，文天祥被带到元将张弘范面前，元军强迫文天祥对张弘范行跪拜之礼，但文天祥宁死不从。张弘范十分钦佩文天祥的民族气节，便以宾客之礼接待了他。

张弘范想让文天祥写信招降张世杰，文天祥却说："我不能保卫国家，又怎么能教别人背叛国家呢？"

张弘范见文天祥不肯就范，便强迫文天祥写劝降信。

文天祥拿起笔写下了《过零丁洋》一诗，其中有两句非常出名："人生自古谁无死，留取丹心照汗青。"

张弘范仍不死心，便劝文天祥说："你已经对大宋尽到了你的忠诚，如果你能改变态度，像侍奉大宋皇帝一样侍奉大元皇帝，可以让你做宰相！"

文天祥泪流满面地说："国家已经灭亡，身为臣子，死有余辜，怎么还敢怀有二心苟且偷生呢？"

张弘范没辙，只好将文天祥押往京城，交给忽必烈处置。

一路上，文天祥一连绝食八天都没有被饿死，只好继续吃饭。到了京城，他被关进了监狱。

文天祥被捕不久，宋军驻守的崖山被攻破，陆秀夫背着小皇帝投海自尽了。至此，南宋的残余势力被悉数平定。

　　不久，忽必烈想要搜求南宋的官员并委以重用，便让南宋降臣王积翁向他举荐人才。

　　王积翁回答说："南宋的官员没有人能比得上文天祥！"

　　于是，忽必烈便派王积翁前去游说文天祥，而文天祥却说："国家灭亡，我本该以死报国！倘若能够得到赦免，以道士的身份回到故乡，他日再以世俗之外的身份给大元皇帝当顾问，还可以考虑。倘若立刻给予高官厚禄，不但亡国的士大夫不愿接受，还等于抛弃了我一生的抱负，那么你们要这样的人还有什么用呢？"

　　忽必烈本想释放文天祥，但大臣们担心文天祥重获自由后会继续起兵抗元，因此极力反对，此事最终不了了之。

　　有一天，忽必烈问文天祥："你有什么愿望吗？"

　　文天祥回答说："我深受大宋的恩德，无法侍奉二主，但求一死！"

忽必烈不忍心杀他，连忙挥手让他退下。

这时，有大臣建议成全文天祥。忽必烈头脑一热，便答应了。但是没过多久，他就后悔了，连忙派人去阻止，但文天祥已经被杀了。

几天后，妻子在给文天祥收尸时，发现文天祥的衣服中写着几句话："孔子教导我们成仁，孟子教导我们取义，只要把道义做到极点，仁德自然就会做到极致。我们读圣贤书，学到的不正是仁义吗？既然学会了仁义，从今以后，我可以算得上是问心无愧了！"

作者说
超有料

　　南宋末年，在抗击元军期间，出现了很多令人敬佩的大英雄。其中，最出名的就是文天祥、张世杰以及陆秀夫。文天祥面对高官厚禄宁死不降；张世杰屡败屡战，却不幸溺水身亡；陆秀夫在走投无路之际，义无反顾地背着小皇帝跳海自杀。由于他们对大宋忠心耿耿，因此被称为"宋末三杰"。

计无所出

形势大好，却落得走投无路

清 张廷玉

计无所出，出现在由我主持修撰的《明史·韩林儿传》："福通计无所出，挟林儿从百骑开东门遁还安丰，后宫官属子女及符玺印章宝货尽没于察罕。"

计无所出，讲的是白莲教领袖韩山童、刘福通带领红巾军起义的故事。白莲教是一个混合了佛教、明教和弥勒教等教义的秘密宗教组织。它起源于宋朝，并在元朝流行开来。韩山童的祖上就曾是白莲教教徒，并且因此遭到流放。后来，韩山童又将白莲教发扬光大，并成为白莲教的领袖。其间，他经常到处宣扬白莲教的教义，并且收获了很多信徒，而这些信徒也成了他发动起义的资本。

释　义	想不出什么办法来。指走投无路，一筹莫展。
近义词	束手无策、一筹莫展、无计可施
反义词	稳操胜券、足智多谋、神机妙算
例　句	万历二十八年，税官如狼似虎，与拦路抢劫的强盗没什么差别。陆二的灯草价值不过八两银子，好几处抽他的税，抽走的银子已经占一半了。船走到青山，索税的又来了，陆二囊中已空，计无所出，干脆取灯草上岸，一把火烧了。（吴思《潜规则：中国历史中的真实游戏》）

元朝末年，统治者内部争权夺利，官员横征暴敛，对老百姓敲骨吸髓，以致民怨沸腾。

白莲教首领韩山童便趁机对外宣称："天下即将大乱，弥勒佛将要降生，明王将要出世，带领大家走向光明！"他也因此收获了很多信徒。

有一年，朝廷征调十五万民工治理黄河。治理黄河的官员却一边敲诈勒索民工，一边克扣民工的工钱，这让民工们十分不满。

韩山童趁机在即将开挖的河道上埋下一个只有一只眼的石人，并在石人身上刻下十二个字：石人一只眼，挑动黄河天下反。

当石人被挖出来时，民工们顿时沸腾了。

韩山童见时机已经成熟，便自称是宋徽宗的八世孙，应当成

为中原的主人，然后与部将刘福通杀白马、黑牛，准备发动起义。

由于韩山童手下的人都头戴红巾，因此被称为红巾军。红巾军还推举韩山童为明王。

然而，就在他们即将发动起义的前夕，消息却泄露了。官府立刻派兵捕杀了韩山童。不过，韩山童的儿子韩林儿与刘福通却侥幸逃脱了。

虽然韩山童被杀，但刘福通没有因此放弃，他又率领部众在颍（yǐng）州起义。这次起义十分顺利，他先后攻克多座城池，士兵也很快发展到十多万人。

随后，刘福通又拥立韩林儿在亳（bó）州登基称帝，并称韩林儿为"小明王"。由于他们是打着光复大宋的旗号进行起义的，所以定国号为"宋"。

一开始，红巾军所向披靡，所到之处，敌人无不望风而降。不过，韩林儿是一个既胸无大志又没有主见的人，所以事事都听从刘福通的安排。而刘福通又无法约束手下的将领，所以这些将领整天杀人放火，无恶不作，并且时常不听号令。

在这种情况下，尽管红巾军一连攻下多座城池，但很快又被元军夺走了。

不久，朝廷征调了大批士兵开始大举围剿红巾军，红巾军开始节节败退。

有一次，元军将刘福通和韩林儿围困在汴梁城中。红巾军屡屡出战，却屡屡被击败。

　　眼看城中的粮食就快吃完了，刘福通却又想不出破敌之计，只好带着韩林儿逃之天天。结果，皇帝的玉玺、后宫的妃嫔以及官员的家属全部被元军缴获。

　　后来，刘福通又屡战屡败，最后被其他起义军杀了（还有一种说法是他被朱元璋抓获，后溺死于江中），而韩林儿的处境也十分窘迫，每天过着朝不保夕的日子。

超有料 作者说

你有没有发现一个现象，每一个朝代率先发动起义的人，结局基本上都很悲惨，而他们发动的起义也基本上都以失败告终？秦朝的陈胜吴广起义是这样，东汉末年的黄巾军起义是这样，韩山童、刘福通发动的红巾军起义也是这样……总之，这样的例子**不胜枚举**。为什么会这样呢？除了枪打出头鸟之外，还因为他们目光短浅，能力有限，认为小富即安。他们虽然有勇气率先出头，但也不过是把水搅浑而已，真正能"摸到鱼"的却是那些准备充分的后来者。

受制于人

一个和尚建立了一个王朝

清 张廷玉

受制于人，出现在由我主持修撰的《明史·太祖本纪》："橄子兴子天叙为都元帅，张天祐、太祖为左右副元帅。太祖慨然曰：'大丈夫宁能受制于人耶。'"

受制于人，讲的是起义军领袖朱元璋不愿接受小明王韩林儿的任命的故事。朱元璋出生在一个贫苦的农民家庭，打小以给地主家放牛为生。在他十七岁那年，国内闹饥荒并且发生了瘟疫，导致他父母双双离世。为了生存，他只好出家做了和尚。等到红巾军起义的时候，他毅然决然地选择了还俗，并参加了起义。其间，他凭借着优秀的领导能力，逐渐成为独霸一方的起义军领袖。

释　义	指受到别人的控制。
近义词	任人宰割
例　句	他们只能任劳任怨地承担着守卫的职责，驻扎在一个地方，始终不能懈怠，就像雇工一样受制于人，权力和举动都受到限制，这到底是为什么呢？（柏拉图《理想国》）

红巾军起义不久，皇觉寺里一个年轻的和尚立刻脱掉袈裟，换上一身军装，直奔濠州城，去投靠那里的红巾军领袖郭子兴。而这个和尚就是朱元璋。

然而，他刚到濠州城下，守城的门卫就怀疑他是元军间谍，便将他五花大绑，交给了郭子兴。

郭子兴见朱元璋长得仪表堂堂，不但把他放了，还将他收到自己的帐下。

朱元璋做事沉稳，又善于随机应变，因此在军中屡立战功。

郭子兴十分欣赏他，还将自己的养女马氏嫁给了他，而这个马氏就是后来大名鼎鼎的孝慈皇后。

当时，濠州城内除了郭子兴，还有孙德崖等四位元帅。孙德崖等人与郭子兴不和，曾多次想要谋害郭子兴，郭子兴因此对他们恨之入骨。

等到攻破滁（chú）州与和州之后，郭子兴便离开了濠州，坐镇滁阳，让朱元璋镇守和州。

有一年，孙德崖军中缺粮，便到和州向朱元璋讨点饭吃。

朱元璋不计前嫌，用好酒好菜招待了他和他的军队。

郭子兴听到消息后，顿时暴跳如雷。他连夜赶往和州，将朱元璋劈头盖脸大骂一通。

孙德崖听说郭子兴到了和州，连忙命令大部队撤离，但自己却不小心被郭子兴活捉了。

然而，让郭子兴想不到的是，孙德崖的士兵也活捉了朱元璋。

郭子兴做梦都想将孙德崖千刀万剐，但好不容易抓到他，又不得不拿他赎回朱元璋。

煮熟的鸭子让它飞了！郭子兴咽不下这口气，从此变得郁郁

寡欢，不久便去世了。

　　郭子兴去世时，韩林儿刚称帝不久。郭子兴去世后，韩林儿立刻任命郭子兴的儿子郭天叙为都元帅，张天祐、朱元璋为副元帅。

　　当时，郭子兴的地盘基本上都是朱元璋打下的，朱元璋对韩林儿任命自己为副元帅颇为不满，因此气呼呼地说："大丈夫怎么能受制于人呢！"所以并没有接受韩林儿的任命。

　　不过，朱元璋考虑到当时韩林儿势力强盛，所以仍采用他的年号号令军队。

　　不久，郭天叙和张天祐双双战死，郭子兴的军队全部归了朱元璋，朱元璋也恰恰是靠着这支军队一步步壮大起来的。

没过多久，韩林儿在其他起义军的围攻下陷入绝境，只好向朱元璋求救。朱元璋立刻派人救出了韩林儿，打算将韩林儿接回滁州。途中却翻了船，韩林儿不幸坠入江中淹死了。

后来，在一批谋臣武将的帮助下，朱元璋一步步消灭了陈友谅、张士诚、方国珍等割据势力，推翻了元朝，建立了大明王朝。

关于韩林儿之死，很多人认为十分蹊跷。他乘坐的船怎么说翻就翻了呢？很多人怀疑韩林儿是被朱元璋蓄意谋杀的，是朱元璋故意让人凿沉船只淹死韩林儿的。因为只要韩林儿还活着，他就一直是红巾军名义上的领袖，而作为他名义上的部下的朱元璋，其地位就显得十分尴尬。当然，也有人认为是朱元璋的部将为讨好朱元璋，自作主张杀掉了韩林儿。

株连蔓引

zhū lián màn yǐn

皇帝过河拆桥，功臣惨遭屠戮

清、张廷玉

株连蔓引，出现在由我主持修撰的《明史·胡惟庸传》："帝发怒，肃清逆党，词所连及坐诛者三万余人。乃为《昭示奸党录》，布告天下。株连蔓引，迄数年未靖云。"

株连蔓引，讲的是明太祖朱元璋借"胡惟庸案"屠杀功臣的故事。朱元璋借"胡惟庸案"，不但消灭了大批功臣，还废掉了中国千百年来的宰相制度，加强了皇权，可谓是一举两得。而宰相胡惟庸也因此成了中国历史上最后一位宰相。

释　义　指一人犯案，牵连众人。

近义词　池鱼之殃

例 句　与此同时，对蓝玉同党的清剿也匆匆展开。朱元璋又仿照胡惟庸案，一直株连蔓引，发动锦衣卫掘地三尺，寻找蓝玉同党，在对大将军诛灭三族的同时，又杀死约一万五千人。（熊建平《锦衣卫：畸变的国器》）

明太祖朱元璋出身卑微，虽然做了皇帝，却不自信，总担心别人会威胁他的江山，尤其担心那些帮助他建立大明王朝的功臣。

思来想去，朱元璋决定除掉这些功臣。正当他为找不到合适的机会而一筹莫展的时候，宰相胡惟庸却主动送上门来。

胡惟庸在做宰相期间，不但独断专行，还经常为非作歹。

有人曾向朱元璋揭发他的罪行，他担心朱元璋迟早会杀了他，便开始密谋造反。

不久，胡惟庸的儿子乘坐马车在闹市上狂奔，一不小心坠下马车摔死了。胡惟庸怒不可遏，私自杀掉了马夫。

朱元璋得知后，龙颜大怒，让胡惟庸偿命。胡惟庸请求用金钱补偿马夫的家人，但朱元璋不答应。

胡惟庸被逼急了，决定提前动手，但还没有来得及动手，他就被人告发了。

朱元璋非常震怒，立刻灭了胡惟庸满门。

为了借机除掉功臣，朱元璋以肃清逆党为由，很多功臣都牵连其中。一时间，因为"胡惟庸案"而被杀的有三万多人。尽管

如此，受到株连的人，直到很多年以后都没有清除干净。

在这些被杀的人中，最无辜的恐怕要数"大明开国第一功臣"李善长了。

事实上，无论谁造反李善长都不可能造反。因为他是第一功臣，生前封公，死后理应封王，儿子娶的是公主，亲戚也都是高官，这已经是作为人臣能享受到的最高待遇。他跟着胡惟庸造反，还不一定能有这么好的待遇，那么他还有必要冒着被灭族的风险去造反吗？说他造反，恐怕连朱元璋自己都不相信。尽管如此，朱元璋还是以谋反罪杀了他。

　　此外，为了除掉那些<u>骁勇善战</u>的武将，朱元璋又制造了"蓝玉案"。他借大将蓝玉造反一事又屠杀了大批武将。在此案中，因牵连被杀的有一万五千余人。

　　从此以后，功臣宿将被朱元璋屠戮殆尽，再也没有人能够威胁到他的江山了。

作者说
超有料

　　在中国历史上，一共出现四百多位皇帝，如果比一比谁更擅长过河拆桥，恐怕没有人能超过朱元璋。看到这里，我们不禁要问，朱元璋为什么要大肆屠杀功臣呢？主要有两个原因：一、朱元璋出身卑微。在等级森严的古代，人们十分重视出身。很多人会想，农民出身的朱元璋都能做皇帝，我为什么不能？所以这让朱元璋十分没有安全感。二、为子孙清除隐患。功臣要么擅长出谋划策，要么骁勇善战，朱元璋担心子孙驾驭不了他们，所以才想要除掉他们。

bù zhī suǒ zhōng

不知所终

宫中失火，皇帝生死不明

　　不知所终，出现在由我主持修撰的《明史·恭闵（mǐn）帝本纪》："宫中火起，帝不知所终。燕王遣中使出帝后尸于火中，越八日壬申葬之。"

　　不知所终，讲的是建文帝在靖难之役中下落成谜的故事。建文帝想要削藩，却逼反了他的四叔——燕王朱棣。其结果就是，他不知所终，而朱棣却成了中国历史上唯一一位造反成功的藩王。

清　张廷玉

释　义	指不知道结局或下落。
近义词	下落不明
例　句	不久，史太君又一病而亡，妙玉则遭盗劫，不知所终。 （郑振铎《中国文学常识》）

　　朱元璋为加强皇权，曾将自己的儿子们分封为王，然后派他们镇守四方。这些藩王手握重兵，势力逐渐强大起来。

　　朱元璋去世后，皇太孙朱允炆（wén）继承了皇位，史称"建文帝"。

　　建文帝担心藩王一旦成了气候会对中央构成威胁，便采纳大臣齐泰、黄子澄（chéng）的建议进行削藩。

　　不过，藩王那么多，是应该先捏软柿子，还是应该先啃硬骨头呢？齐泰认为，应该先消灭藩王中势力最强大的燕王朱棣（dì）。而黄子澄却认为，应该先消灭那些势力弱的藩王。

建文帝最终采纳了黄子澄的建议。

一开始，削藩进行得十分顺利，建文帝一口气消灭了五个藩王。

朱棣见其他藩王被消灭，深知自己也难逃被削藩的命运，便暗暗积蓄力量，准备造反。他一边派人在燕王府秘密训练军队，一边挖掘地穴，派能工巧匠躲在里面日夜打造兵器。为了掩盖打造兵器发出的声响，他还在地上养了很多鹅和鸭。

直到有一天，朱棣收到建文帝准备对他下手的消息，立刻以帮助皇帝诛杀奸臣齐泰、黄子澄为名起兵造反，史称"靖难之役"。

朱棣是朱元璋的第四个儿子，一向能征善战，再加上朝中能打仗的武将被朱元璋屠戮殆尽，所以一打起来，建文帝就显得十分被动。

后来，朱棣仅仅用了三年的时间便攻破了都城南京。

然而，正当朱棣准备率军冲进皇宫的时候，他却发现宫中突然燃起熊熊大火。

朱棣立刻派人冲进宫中四处搜寻建文帝的下落，却发现建文帝早已不知所终。

不过，据说有人曾找到一具被烧得面目全非的

尸体，并说这就是建文帝。也有人怀疑，建文帝并没有被烧死，而是化装成和尚从地道中逃了出去。

就在建文帝不知所终后，朱棣登基做了皇帝。后来，他还将都城迁到了北京。

作者说
超有料

你是不是很好奇，建文帝到底是被大火烧死了呢，还是逃跑了呢？其实，很多人都认为他逃跑了，甚至就连朱棣也怀疑建文帝逃跑了。所以，他在称帝后曾多次派大臣胡濙（yíng）到全国各地寻找建文帝。据说，他派郑和下西洋的原因之一也是去国外寻找建文帝。

然而，在胡濙寻找建文帝十多年后的一天夜里，胡濙匆匆回京去见朱棣。当时，朱棣正在睡觉，听说胡濙求见，立刻起身去见他。据《明史·胡濙传》记载，两人谈了一夜，朱棣从此打消了疑虑。它透露出三层意思：一、朱允炆并没有被烧死，而是逃跑了；二、胡濙找到了朱允炆；三、朱允炆已经对朱棣构不成威胁了。

jīng shì zhī cái

经世之才

大英雄救了国家，却含冤被杀

经世之才，出现在由我主持修撰的《明史·于谦传赞》："于谦为巡抚时，声绩表著，卓然负经世之才。及时遘（gòu）艰虞，缮兵固圉（yǔ）。景帝既推心置腹，谦亦忧国忘家，身系安危，志存宗社，厥功伟矣。"

经世之才，讲的是才华卓著的明代名臣于谦保家卫国的故事。于谦是一个能文能武的人。他文采斐然，曾考中进士。他还能指挥千军万马，并且凭借优秀的指挥能力保住了大明王朝的江山。

清 张廷玉

释　义	治理国家的才干。
近义词	经国之才
反义词	凡夫俗子

例　句 高仪久居北京，长时间位于九卿之列。对高拱与张居正都有相当的了解。两人都有经世之才，都是善于笼络人心，不愿与别人分权的铁腕人物。所不同的是两人的性格，高拱急躁好斗，一切都写在脸上；而张居正城府甚深，喜怒不形于色。（熊召政《张居正》）

在明成祖朱棣统治时期，浙江钱塘出现一位名叫于谦的神童。

七岁那年，于谦遇到一个和尚。和尚将他上下打量一番，然后非常吃惊地说："这是将来拯救时世的宰相啊！"

长大后，于谦做了巡抚，名声和政绩都十分显著，大家纷纷夸赞他有经世之才。

等到明英宗即位时，瓦剌（là）首领也先率军进攻大明。昏聩的明英宗不顾于谦等人的反对，执意要御驾亲征，结果在土木堡全军覆没，而明英宗也成了俘虏，史称"土木之变"。

明英宗被俘，举国震惊。有人提议迁都南方，而于谦却说："主张迁都的人应当全部斩首！京城是天下的根本，一旦迁都，后果将不堪设想！你们难道忘了南宋南迁的后果了吗？"

在于谦的极力反对下，文武百官才决定坚守京城。

在紧要关头，国家需要一位君主带领大家共同抵御瓦剌军。大臣们便纷纷劝说明英宗的弟弟郕（chéng）王继承皇位，但无论

大家怎么劝，郕王就是不同意。

就在这时，于谦站了出来，并对郕王说："让大王继承大统，并非为了个人，而是为了国家！"

郕王这才答应继承皇位，史称"明代宗"。与此同时，明代宗遥尊哥哥明英宗为太上皇。

不久，也先率军一举打到北京城下。明代宗在于谦的辅佐下，打响了北京保卫战。

也先原以为不费吹灰之力便能攻破北京城，没想到久攻不下，心情十分沮丧。再加上他听说明朝的援军从四面八方赶来，担心被明军截断后路，便不情不愿地撤走了。

一年后，也先见占不到大明半点便宜，便主动向大明求和，并且请求送回明英宗。

大明的文武百官无不欣喜若狂，明代宗却一脸不悦。

明代宗为什么不高兴呢？因为他不想迎回哥哥。常言道，天无二日，国无二君。如果明英宗回来了，他怎么办呢？

所以，当大臣们纷纷表示支持迎回明英宗的时候，明代宗抱怨道："我本来不想做这个皇帝，但是你们非要逼着我做！如果迎回哥哥，你们让我怎么办？"

大臣们个个哑口无言。

　　这时，于谦站了出来，并对明代宗说：“如今天位已定，又岂能改变？只是从道义上讲，理应接回太上皇！”

　　明代宗听了于谦的一番话，怒气顿消，并说：“听你的！听你的！”随后，明代宗便派人迎回了明英宗。

　　明代宗的体质向来很差，仅仅做了八年皇帝便一病不起。

　　一天夜里，大臣石亨、徐有贞等人为了立功，趁明代宗病重之际，悄悄发动兵变，将明英宗重新扶上皇位，史称“夺门之变”。

　　不久，明代宗离奇去世。有人说他是病死的，也有人说他是被明英宗害死的。

　　随后，石亨、徐有贞等人又诬陷于谦谋反，想借机除掉于谦。

　　明英宗心里清楚，如果不是于谦，不但大明江山难保，就连他自己恐怕也很难回到大明，因此说："于谦有功，为什么要杀他呢？"

　　徐有贞却解释说："不杀于谦，就无法为复辟正名！"

　　明英宗这才犹犹豫豫地下旨杀掉了于谦。不过，没过多久他就后悔了。

　　于谦被杀那天，天空阴云密布，老百姓都认为他死得非常冤。

　　后来，瓦剌再次进攻大明，明英宗对此一筹莫展。有人趁机向他抱怨说："假如于谦尚在，瓦剌又怎么能如此嚣张呢？"

　　听罢，明英宗羞愧地低下了头。

作者说
超有料

于谦一生对大明忠心耿耿，并且在大明危难之时拯救了大明，最后却因为遭到小人排挤而被冤杀，令人唏嘘不已。当他被杀的消息传出后，上至文武百官，下至老百姓，无不落泪，并且为他感到不平。不过，让人感到欣慰的是，害死于谦的石亨及其党羽在几年后悉数被杀，而于谦在明英宗的儿子明宪宗即位后也得到了平反。

名闻天下

míng wén tiān xià

一支让倭寇闻风丧胆的军队

清 张廷玉

名闻天下，出现在由我主持修撰的《明史·戚（qī）继光传》："继光至浙时，见卫所军不习战，而金华、义乌俗称慓（piāo）悍（hàn），请召募三千人，教以击刺法，长短兵迭用，由是继光一军特精。又以南方多薮泽，不利驰逐，乃因地形制阵法，审步伐便利，一切战舰、火器、兵械精求而更置之。'戚家军'名闻天下。"

名闻天下，讲的是民族英雄戚继光率领戚家军抗击倭寇的故事。倭患之所以严重，一方面是因为日本国内动荡不安，导致日本武士和商人在日本没有立锥之地，因此才逃到海上侵扰其他国家；另一方面是因为大明王朝国力衰弱，海防松懈，所以给了倭寇可乘之机。不过，好在有戚继光和戚家军在，倭寇才不至于无法无天。

释　义	形容名声很大，传播的范围很广。
近义词	名满天下、名扬天下、闻名遐（xiá）迩（ěr）
反义词	默默无闻、寂寂无闻、不见经传
例　句	我和他的年龄相同，和他一起读书，并驾齐驱。说真的，他是雅典人，我是罗马人，如果我们要争辩这两个城市哪个比另一个更光荣，那么我就要说，我是一个自由城市的公民，而他则是一个纳贡的城市的公民；我那个城市统辖天下，而他那个城市却服从于我那个城市的统辖；我那个城市文也好，武也好，都名闻天下，而他那个城市则除了文艺之外，别无任何出名之物。（薄伽丘《十日谈》）

　　明朝中期，游荡在我国东南沿海地区的倭寇十分猖獗，他们杀人越货，无恶不作。

　　你知道什么是倭寇吗？其实就是一些在日本混不下去，然后跑到海上做了海盗的武士和商人。当时，中国人称日本为"倭国"，所以称这些海盗为"倭寇"。

　　倭患让东南沿海的老百姓苦不堪言，因此，朝廷便派抗倭名将戚继光前去围剿。

　　然而，戚继光一到浙江却傻了眼，因为他发现那里的士兵已经很久没有参加过训练了，战斗力十分低下，怎么可能打得过装

备精良的倭寇呢？

　　不过，让戚继光喜出望外的是，金华、义乌的民众却十分勇猛。如果从他们之中挑选出一些精壮的男子，训练成一支军队，对付倭寇就绰绰有余了。

　　随后，戚继光在金华、义乌招募了三千士兵，然后教他们攻击、刺杀以及长短兵器配合使用的办法。此外，戚继光还为他们配备了很多精良的战舰以及火器等兵器，比如虎蹲炮、狼筅（xiǎn）等。

　　就拿专门对付倭刀的狼筅来说吧，它是用毛竹制作而成的，长约五米，顶端装有铁枪头，枝干上带有很多柔软的侧枝，即便是用锋利的倭刀也很难将其砍断。此外，侧枝上还涂有毒药。以前，士兵害怕倭刀，每次跟倭寇作战都提心吊胆，自从有了既能自保又能杀敌的狼筅，士气得到很大提升。

由于这支军队是由戚继光训练出来的，所以被称为"戚家军"。戚家军在抗倭的过程中逐渐名闻天下。

戚家军的战斗力究竟有多惊人呢？我们用一个例子来说明。

有一年，有一万多名倭寇围攻一座城池。戚继光得到消息后，立刻率领戚家军杀了过去。戚家军一口气斩杀了数百名倭寇，而因为害怕戚家军，坠崖谷死亡的倭寇更是不计其数。有一些倭寇侥幸逃到了山岭，戚家军立刻带着短刀爬上悬崖追击倭寇，杀死数百人后，剩下的倭寇抢劫了一些渔船才得以逃脱。

可以毫不夸张地说，只要听到戚继光的名字，倭寇就会吓得落荒而逃。所以，只要是戚继光镇守的地方，几乎看不到倭寇的身影。

作者说 | 超有料

你知道戚家军的士兵在参军前都是干什么的吗？一部分是以种地为生的农民，另一部分是以挖矿为生的矿工。他们虽然以前没有当过兵，但在戚继光的调教下，都成了训练有素、能征善战的士兵。可见，戚继光是多么擅长练兵、治理军队。为了将自己练兵、治军以及抗倭的经验传给后人，戚继光还写过两本兵书呢！

lì jīng tú zhì

励精图治

凭借十三副铠甲，建立一个国家

民国·赵尔巽

励精图治，出现在由我主编的《清史稿·太祖本纪》："天命元年丙辰春正月壬申朔，上即位，建元天命，定国号曰金。……谕以秉志公诚，励精图治。"

励精图治，讲的是清太祖努尔哈赤建立后金的故事。努尔哈赤的经历跟成吉思汗颇有几分相似。两人的爸爸都曾是部落的首领，也都是死于非命，后来两人又都是凭借自己的努力，一步步统一自己的民族，建立一个强大的政权。

释　义	振奋精神，想办法治理好国家。
近义词	宵衣旰食、发愤图强

| 反义词 | 祸国殃民、丧权辱国 |
| 例　句 | 虽说政治斗争的手段总是卑劣的，但严嵩的行为却与以往不同，他为了自己的私利，杀害了两个无辜的人，一个励精图治、忠于职守的将领和一个正直无私、勤勉为国的大臣。（当年明月《明朝那些事儿》） |

你还记得由女真族建立的大金政权吗？它被南宋联合蒙古帝国灭掉后，民众相继由元朝和明朝统治。

在明朝初期，女真族分为三大部，分别是建州女真、海西女真和野人女真。其中，建州女真的首领是努尔哈赤。

有一年，明军围攻女真族中一位叛将所在的城池。攻破城池后，明军大肆屠杀城中居民。努尔哈赤的爷爷和爸爸当时也在城中，结果惨遭杀害。

爷爷和爸爸去世时，仅给努尔哈赤留下十三副铠甲，而努尔哈赤也恰恰是凭借这十三副铠甲一步步统一了女真各部。

随后，努尔哈赤自立为"可汗"，国号与大金的一样，都是"金"，史称"后金"。

在即位当天，努尔哈赤还野心勃勃地告诉臣民，他要励精图治，将后金建设成一个强大的国家。

想要让国家强大，自然离不开强大的军队做后盾。努尔哈赤便将在统一过程中创建的八旗制度延续下来。

　　什么是八旗制度呢？就是将女真人分为正黄、正白、正红、正蓝、镶黄、镶白、镶红、镶蓝八旗的一种制度。八旗子弟平时都是老百姓，一到打仗的时候就立刻变成了士兵。如此一来，后金的军队便拥有了强大的战斗力。

　　建立后金后，努尔哈赤发表了对明朝的"七大恨"，痛斥大明害死他爷爷和爸爸等七件事，然后率领八旗子弟进攻大明。

　　一开始，金军节节胜利，但很快他们就碰到了一个强大的对手，这个对手就是名将袁崇焕。

　　据说，有一次努尔哈赤在跟袁崇焕交战期间，被袁崇焕的西洋大炮击中，并且受了重伤，回去不久便去世了。

　　值得一提的是，努尔哈赤去世后，八儿子皇太极继承了汗位。后来，皇太极不再称"可汗"，而称"皇帝"。与此同时，他还将族名改为"满洲"，将国号改为"大清"。而这里的"大清"正是我们所熟知的大清王朝。

作者说
超有料

努尔哈赤的一生十分传奇。刚起兵时，他的全部家当只有十三副铠甲，但仅凭这些，他依然统一了女真各部。由此可见，他不但足智多谋，而且用兵如神。在建立后金之后，他一边四处征战，一边日夜勤于国政，所以后金才能迅速强大起来，打得大明溃不成军。

bù kě shèng shù

不可胜数

大太监很嚣张，自称九千岁

不可胜数，出现在由我主持修撰的《明史·魏忠贤传》："民间偶语，或触忠贤，辄被擒僇（lù），甚至剥皮、刲舌，所杀不可胜数，道路以目。"

不可胜数，讲的是大太监魏忠贤诛除异己、祸乱朝纲的故事。在古代，太监专权的现象十分普遍，而东汉、唐朝以及明朝较为严重。尤其是明朝，因为明朝的皇帝十分专制，又设有锦衣卫、东厂和西厂这种特务机构，并交与太监掌管，所以太监的权力非常大，魏忠贤也因此权倾朝野。

清 张廷玉

| 释　义 | 数都数不尽。形容极多。 |
| 近义词 | 数不胜数、不计其数、多如牛毛 |

反义词 ｜ 屈指可数、寥寥无几、寥若晨星

例　句 ｜ 大疯子滥用金钱与势力，役使众多的小疯子干坏事，
却被人们赞誉为"杰出的人"，这种例子不可胜数。
真是越想越不明白了！（夏目漱(shù)石《我是猫》）

在明代，太监专权十分严重，其中最臭名昭著的恐怕非魏忠贤莫属。

魏忠贤打小就是个无赖。有一年，他跟一群不良少年赌博，结果输惨了，他一气之下拿起刀把自己阉了，然后进宫做了太监。

由于魏忠贤善于阿谀奉承，所以深受明熹宗宠信。魏忠贤仗着受宠，一边大肆揽权，一边诛杀反对自己的人。

知道魏忠贤有多残忍吗？在民间，有谁说他的坏话，或者惹

怒他，就会被抓起来杀掉，甚至被剥皮、割掉舌头，而因为这些原因被杀的人不可胜数。

很多趋炎附势的小人见魏忠贤得势，便纷纷投到他门下。一时间，魏忠贤身边聚集了很多小人。比如，有五个擅长出鬼点子的文臣，被称为"五虎"；有五个杀人如麻的武将，被称为"五彪"；有十个忠诚的爪牙，被称为"十狗"……总之，朝廷内外都有魏忠贤的党羽。

魏忠贤虽然斗大的字不识几个，却十分狡诈。他知道明熹宗痴迷于做木匠活，因此故意趁明熹宗做木匠活的时候，派人向明熹宗汇报工作。

明熹宗十分生气，便对魏忠贤说："今后有什么事，你自己

看着办就行，别再来烦我了！"

从此以后，国家大事几乎都由魏忠贤来决断，他也因此更加肆无忌惮地诛杀大臣、祸乱朝纲了。

一时间，天下人只知道有魏忠贤，而不知道有皇帝。他还嚣张地称自己为"九千岁"，表示自己仅次于皇帝。

只要有明熹宗在，魏忠贤便能一直胡作非为。不过，明熹宗年纪轻轻就去世了。随后，信王朱由检继承了皇位，年号崇祯。

魏忠贤不知道崇祯皇帝是敌是友，便上书请求辞官，借以试探崇祯皇帝对他的态度。

崇祯皇帝十分精明，知道一时间难以除掉魏忠贤，如果逼急了魏忠贤，没准还会惹祸上身，所以果断拒绝了魏忠贤的请求。

魏忠贤十分高兴，因此对崇祯皇帝放松了警惕。

等到魏忠贤的党羽被一一清除之后，崇祯皇帝随即一纸诏令将魏忠贤贬出了京城，随后又派人去抓魏忠贤。

魏忠贤听说崇祯皇帝要抓他回去，知道自己罪恶滔天，难逃一死，便上吊自杀了。

你是不是一直以为宦官就是太监？其实，在明朝之前只有少数宦官才有资格称"太监"。即便到了明朝初期，也只有管理皇室内务的二十四衙门的主管官员才有资格称"太监"。后来，太监才与宦官通用。

值得一提的是，在明朝以前，大多太监并不是宦官，而仅仅是一种由正常男人担任的官职。

shēn bài míng liè

身败名裂

皇帝中了反间计，残杀爱国名将

身败名裂，出现在由我主编的《清史稿·太宗本纪》："两国修好，当分定疆域。今又修葺城垣，潜图侵逼。倘战争不息，天以燕、云畀（bì）我，尔主不幸奔窜，身败名裂，为何如也。"

身败名裂，讲的是皇太极责备明将袁崇焕修缮城墙的故事。袁崇焕借议和的名义，私下修缮城墙，本来是为了抵御皇太极的大军，结果却成了他被杀的一个罪名。

民国 赵尔巽

释　义	地位丧失，名誉扫地。
近义词	声名狼藉、臭名远扬
反义词	名满天下、功成名遂、流芳百世
例　句	他非常清楚自己能时来运转、飞黄腾达，也会轻易就身败名裂、一溃千里。（西蒙·蒙蒂菲奥里《耶路撒冷三千年》）

皇太极即位不久，明将袁崇焕为修缮边关的城墙而争取时间，在没有征得皇帝同意的情况下，擅自做主向皇太极议和。

　　皇太极没多想，便答应了。但没过多久，皇太极就看穿了袁崇焕的心思。

　　于是，皇太极写信责备袁崇焕说："两国已经议和，而你却在悄悄修缮城墙，图谋不轨。倘若战争一直打下去，你们的皇帝被我军打得落荒而逃，身败名裂，到时候怎么办呢？我劝你还是不要要花招！"

　　袁崇焕没有搭理他，继续修缮城墙。

　　有一年，皇太极率领大军一路杀向北京，吓得崇祯皇帝和百官个个心惊胆战。

袁崇焕听说后，火速带兵回京保卫京城。

崇祯皇帝大喜，连忙召见袁崇焕并将他犒劳一番。

有袁崇焕在，皇太极知道无法攻破北京城，便撤军而回。

京城的包围被解除，袁崇焕功不可没，理应受到奖赏。然而，京城里的人却因为突然遭到兵祸而怨声不断，并且纷纷造谣说，是袁崇焕故意放清军入关的。

与此同时，大臣们因为袁崇焕此前与皇太极议和，便诬陷袁崇焕故意引来皇太极，借以逼迫朝廷与皇太极签订城下之盟。

由于谣言满天飞，崇祯皇帝便开始怀疑袁崇焕了。

皇太极听说袁崇焕遭到皇帝猜忌，便决定借刀杀人。

此前，皇太极曾抓获两名太监。他故意向太监们泄露他与袁崇焕私下有密约的消息，然后放松戒备，让太监们悄悄溜走。

太监们不知是计，回到京城后，立刻将他们获取的假消息汇报给了崇祯皇帝。崇祯皇帝因此对袁崇焕与皇太极之间有密约的事深信不疑。

很快，崇祯皇帝便将袁崇焕关进了监狱。

前不久，袁崇焕擅自杀掉了狂妄自大的大将毛文龙，再加上他曾擅自与皇太极议和，崇祯皇帝便以这两条罪名，将袁崇焕处以磔（zhé）刑。

袁崇焕被冤杀，崇祯皇帝无异于自毁长城。从此以后，大明再也没有让皇太极忌惮的将领了。

作者说
超有料

在明朝的众多将领之中，能够和皇太极抗衡的只有袁崇焕一人。但很可惜，崇祯皇帝一时糊涂，听信谣言，将一个对朝廷忠心不贰的大将残忍杀害。他杀袁崇焕容易，但再想击退皇太极的大军难如登天。袁崇焕一死，大明王朝也就离灭亡不远了。

严阵以待

yán zhèn yǐ dài

小妾被敌人掳走，大将誓死不降

民国 赵尔巽

严阵以待，出现在由我主编的《清史稿·世祖本纪》："戊寅，李自成率众围山海关，我军逆击之，败贼将唐通于一片石。己卯，师至山海关，三桂开关出迎，大军入关。自成率众二十余万，自北山横亘至海，严阵以待。"

严阵以待，讲的是农民起义军领袖李自成对抗明将吴三桂与清军的故事。李自成本来是最有希望取代明朝一统天下的，但很可惜他没能说服吴三桂投降，反而让吴三桂投向了清军的怀抱。在吴三桂与清军的夹击下，他一败涂地。

释 义 摆下严整的阵势等待来犯的敌人。

近义词 枕戈待旦、厉兵秣（mò）马

反义词	麻痹大意
例　句	他站在那里一动不动，异常警觉。身上的每块肌肉都绷紧了，严阵以待。（克莱儿·麦克福尔《摆渡人》）

　　就在大明王朝不断遭到清军进攻的时候，一场声势浩大的农民起义又爆发了。

　　在众多农民起义军中，最强大、最受老百姓拥戴的是由闯王李自成所领导的那一支。

　　李自成的军队为什么这么受老百姓拥戴呢？因为李自成提出

了平分土地、减免赋役等口号。当时，民间还流传着"迎闯王，不纳粮"的歌谣。所以，很多遭受官吏盘剥的贫苦老百姓都十分拥戴他和他的军队。他的军队也因此一度发展到上百万人。

后来，李自成凭借强大的军队一举攻破了西安，并在西安建立了大顺政权。

紧接着，李自成又亲率大军攻打北京城，企图推翻大明王朝，一统天下。

崇祯皇帝十分害怕，连忙召大将吴三桂火速进京勤王。然而还没等吴三桂赶到，北京城就被李自成攻破了。

崇祯皇帝不愿做俘虏，便在煤山上吊自杀了。

　　临终前，崇祯皇帝还悲愤地写下一份遗书，说："我因为无德，惹怒了上天，这才降下大祸，这都是大臣们害了我！我死后没有脸再去见列祖列宗，所以用头发遮住了脸。我的尸体任凭盗贼处置，但请盗贼们不要伤害一个百姓！"至此，大明王朝灭亡。

　　吴三桂即将到达北京时，突然收到京城沦陷、皇帝自杀的消息，他连忙率军退守山海关。

当时，吴三桂一家三十多口人都住在京城，并且被李自成抓获。李自成便逼迫吴三桂的爸爸吴襄写信招降吴三桂。

吴三桂本来想投降，然而当他听说自己的小妾陈圆圆被李自成的部将掳走后，顿时**怒发冲冠**，还说："大丈夫连一个女子都保护不了，有何面目做人！"从此便断了投降的念头。

李自成见吴三桂不肯投降，**怒不可遏**，便押着吴襄，亲率大军围攻山海关。

吴三桂知道自己不是李自成的对手，只好投降清军，并与清军联手对付李自成。

李自成率领二十多万大军，严阵以待。两军交战，结果李自成的军队被打得**溃不成军**，李自成只好仓皇逃离了北京。

逃走前，李自成还将吴三桂一家三十多口人全部杀害。

不过，李自成也没有逃过被杀的命运。他逃到九宫山时，被当地民众杀了。

李自成被赶出北京后，大清随即迁都北京，而北京从此成了大清王朝的都城。

紧接着，清军大举南下，逐步消灭了所有反清势力，统一了全国。

你是不是以为吴三桂不愿投降李自成仅仅是因为他的小妾陈圆圆被人掳走了？其实，并没有这么简单。他不愿投降主要有两个原因：一、在他手握重兵的时候，李自成的人就敢抢他的小妾，如果他投降了，能有好日子过吗？他能确保他与家人不会被李自成杀害吗？二、吴三桂早已看出，李自成成不了大事，迟早会灭亡。所以，经过深思熟虑之后，他才会不顾家人性命，坚持投降了清军。

李自成杀了吴三桂一家三十多口人，那么有没有杀陈圆圆呢？因为陈圆圆长得漂亮，这才躲过一劫，并且后来又侥幸回到了吴三桂身边。不过，她最终的结局却有三种说法：一、吴三桂有了新欢，陈圆圆遭到冷落后出家了。二、吴三桂投降清军后，被封为藩王，在康熙年间曾联合另外两位藩王造反，史称"三藩之乱"。后来，"三藩之乱"被平定，吴三桂病逝，陈圆圆自杀了。三、吴三桂死后，陈圆圆隐居山林。

mí liú zhī jì

弥留之际

本想帮儿子，却给儿子带来麻烦

民国 · 赵尔巽

弥留之际，出现在由我主编的《清史稿·世祖本纪论》："至于弥留之际，省躬自责，布告臣民。禹、汤罪己，不啻（chì）过之。"

弥留之际，讲的是顺治皇帝在临终前自我检讨并且为儿子康熙皇帝找了四位辅政大臣的故事。顺治皇帝本来希望四位辅政大臣能好好辅佐儿子，没想到他们不但没有帮上忙，还给康熙皇帝带来不少麻烦。

释　义	指人病重快要死了的时候。
近义词	日薄西山、行将就木
反义词	春秋鼎盛
例　句	她担心自己在弥留之际可能会神志不清，而对往生产

生障碍，就决定不让医生打止痛针以便能随时保持清醒。（希阿荣博堪布《次第花开》）

　　皇太极的儿子顺治是一个 勤政爱民 的好皇帝。不过，他却英年早逝，令人惋惜。

　　在弥留之际，他认为自己作为一个皇帝做得还不够好，因此列举了自己的十四条罪过，对自己短暂的一生进行了深刻检讨。

　　为了能让儿子康熙做一位好皇帝，顺治皇帝还特意为他找了四位辅政大臣，分别是索尼、苏克萨哈、遏（è）必隆和鳌（áo）拜。

顺治皇帝恐怕不会想到，他为儿子找的四位辅政大臣都有缺点。索尼虽然威望高，但年纪太大，没什么精力管理政务；遏必隆昏庸、懦弱，遇到大事往往没有什么主见；苏克萨哈没有什么威望，所以大臣大多都不服他；鳌拜虽然勇猛，却喜欢干一些违法乱纪的事。

在这四位辅政大臣中，最让人不省心的是鳌拜。鳌拜仗着战功赫赫，经常为非作歹，残害百官。其他三位辅政大臣虽然看不惯他的所作所为，却也阻止不了他。

康熙皇帝即位时年仅八岁，还无法治理朝政，因此大权逐渐落入鳌拜一人手中。

康熙皇帝渐渐长大，他对鳌拜专权乱政的行为越来越不满，于是他决定扳倒鳌拜。

鳌拜号称"满洲第一勇士"，他身经百战，力大无穷，又岂是那么容易扳倒的？那么，如何才能扳倒鳌拜呢？康熙皇帝想到了一个好点子。他找来一帮身材魁梧的少年，让少年们天天练习摔跤。

鳌拜误以为康熙皇帝贪玩，也就没有把这件事放在心上。

等到那群少年的摔跤技术足以擒住鳌拜的时候，康熙皇帝便将鳌拜召进皇宫。

让鳌拜没有想到的是，他前脚刚踏进皇宫，后脚就被那群练习摔跤的少年擒住了。

紧接着，康熙皇帝又下令让大臣们搜集鳌拜的罪状。

大臣们一口气列举了鳌拜三十条罪状，并恳求康熙皇帝："鳌拜罪大恶极，应当将他斩首，然后灭了他全族！"

康熙皇帝却说："鳌拜愚昧无知，本来应该灭族，但念在他为大清效力多年，屡立战功，故饶他一命，改为监禁。"

鳌拜从此被监禁起来，直到去世。

从此以后，再也没有人敢在康熙皇帝执政期间专权乱政了。

　　顺治皇帝在弥留之际安排辅政大臣辅佐康熙皇帝本来是好意，却办了坏事，为年幼的康熙皇帝埋下很大的隐患。不过，好在康熙皇帝年少有为，能够凭借自己的聪明才智，扳倒战功赫赫的鳌拜，才不至于沦为鳌拜的傀儡。

结党营私

jié dǎng yíng sī

众皇子为争夺皇位骨肉相残

　　结党营私，出现在由我主编的《清史稿·理密亲王允礽（réng）传》："汉、唐已事，太子幼冲，尚保无事。若太子年长，左右群小结党营私，鲜有能无过者。太子为国本，朕岂不知？立非其人，关系匪轻。"

　　结党营私，讲的是康熙皇帝的众多儿子为争夺皇位骨肉相残的故事。康熙皇帝是中国历史上在位时间最长的皇帝，在位时间长达六十二年。他一生做过很多大事，比如擒鳌拜、平三藩、收复台湾等。尽管他文韬武略，但依然没能阻止儿子们骨肉相残。

民国 赵尔巽

| 释　义 | 结成团伙，谋取私利。 |

| 近义词 | 拉帮结派、营私舞弊、阿（ē）党比周 |

| 反义词 | 群而不党 |

| 例　句 | 到 1582 年年底，张居正去世仅仅半年，他已经被盖棺论定，罪状有欺君毒民、接受贿赂、卖官鬻爵、任用私人、放纵奴仆凌辱缙绅等等，归结到最后，就是结党营私，妄图把持朝廷大权，居心叵测云云。（黄仁宇《万历十五年》） |

在康熙皇帝晚年，他的众多儿子为争夺皇位不惜骨肉相残。

事实上，康熙皇帝最中意的继承人是二阿哥。以前，清朝的国君从来不立太子，康熙皇帝却破例让二阿哥做了太子。

然而，让康熙皇帝大失所望的是，二阿哥不但经常胡作非为，还时常监视他的一举一动。康熙皇帝怀疑二阿哥妄图谋害自己，一气之下，便废了二阿哥的太子之位。

就在二阿哥的太子之位被废的那天，康熙皇帝悲恸欲绝地对大臣们说："像这样的逆子，我怎能将大好江山托付给他呢！"说罢，他不禁痛哭流涕，以致瘫倒在地。

二阿哥的太子之位被废，大阿哥喜出望外，因为在众多皇子中数他最年长，因此自认为理应由他做太子。但很可惜，康熙皇帝并不喜欢他，并且明确告诉天下人不会让他做太子。

大阿哥见希望破灭，便转而支持八阿哥。

八阿哥**精明强干**，不但有一批大臣支持，还获得九阿哥、十阿哥和十四阿哥的支持。

有一天，大阿哥去见康熙皇帝，并对他说："二弟行为卑劣，大失人心。不过，八弟却深得人心。有位术士曾给八弟看相，说他将来必定**大富大贵**。如果父皇不忍心杀二弟，我可以代劳！"

康熙皇帝虽然废掉了二阿哥的太子之位，但依然十分疼爱二阿哥，并且时常想复立二阿哥为太子。他听完大阿哥的一番话后，差点气死。随后，他将大阿哥痛骂一顿，然后将术士凌迟处死。

与此同时，康熙皇帝也察觉出八阿哥正在极力谋取太子之位，便革去了八阿哥的爵位。

有一天，康熙皇帝想重新立二阿哥为太子，便试探大臣们说："我想册立一位太子，你们认为哪位皇子合适呢？"

众大臣异口同声地回答说："八阿哥宅心仁厚，适合做太子！"

康熙皇帝听完一脸不悦，说："八阿哥的妈妈出身卑贱，而八阿哥也不懂事，况且还有罪在身，不适合做太子。"

尽管大臣们不支持二阿哥再做太子，康熙皇帝依然一意孤行，将二阿哥复立为太子。

　　二阿哥再次做了太子，本来应该夹着尾巴做人，但谁能想到他却屡教不改。

　　康熙皇帝对二阿哥失望透顶，因此再次将他的太子之位废掉了。

　　不久，有位大臣奏请册立一位太子，康熙皇帝却说："纵观汉代和唐代的历史，太子小的时候，一般不会犯错。一旦长大，他身边的人就会结党营私，太子也往往会犯错。太子是国家的根本，我又怎么不知道呢？但是如果选错人，后果不堪设想。所以，立太子的事不能草率！"

　　从此以后，康熙皇帝再也没有立过太子。

　　他去世时，将皇位传给了自称"天下第一闲人"的四阿哥，

也就是后来的雍正皇帝。

雍正皇帝为了避免子孙后代再像他们兄弟一样为争夺皇位骨肉相残，创建了秘密立储制度。

什么是秘密立储制度呢？就是皇帝悄悄写下继承人的名字，并藏于匣子中，然后放在乾清宫"正大光明"的牌匾后面。皇帝去世后，大臣们一起打开匣子，宣布继承人。皇子们不知道谁会继承皇位，便不知道跟谁争抢，因此也就不会骨肉相残了。

雍正皇帝去世后，他儿子乾隆皇帝就是根据秘密立储制度继承的皇位。

其实，很多人认为雍正皇帝得位不正。雍正皇帝为了标榜自己得位正，还将自己的年号定为"雍正"，意思是"雍亲王得位正"。

那么，雍正皇帝到底得位正不正呢？关于他得位的方式主要有三种说法：一、改诏篡位说，是说雍正皇帝将遗诏中"传位十四子"的"十"字改成了"于"字，就变成了"传位于四子"。事实上，大清用的是繁体字"拾"，根本无法改成"于"，并且遗诏是用满、汉、蒙三种文字写成的，即便改了汉文，满文和蒙文也没那么容易改。所以说，这种说法不成立。二、遗诏即位说，是说康熙皇帝曾留下遗诏让雍正皇帝即位。遗诏确实存在，并且今天还能看到。如果遗诏是真的，说明雍正皇帝得位正。三、无诏夺位说，是说康熙皇帝去世时并未留下遗诏，雍正皇帝趁机抢了皇位。如果这种说法成立，说明雍正皇帝不过是打败了众多兄弟夺得皇位，因此也可以说他得位正。

bú jì qí shù

不计其数

大贪官富可敌国

民国 赵尔巽

不计其数，出现在由我主编的《清史稿·和珅传》："宝石顶非所应用，乃有数十，整块大宝石不计其数，胜于大内，大罪十六。"

不计其数，讲的是大贪官和珅聚敛钱财的故事。一提到古代的贪官，相信很多人都会不由自主地想到和珅。和珅是一个贪得无厌的人，什么钱都敢贪，谁送钱也都敢收，因此很快便做到富可敌国。

释　义	无法计算其数目。形容极多。
近义词	多如牛毛、数不胜数、恒河沙数
反义词	寥寥无几、屈指可数
例　句	四月初的一天，他心急火燎地去比克街的酒馆找麦卡

利斯特。和他一起议论当下局势能让菲利普心里平静一点，知道还有不计其数的人也在为赔钱而捶胸顿足，菲利普就觉得心里的痛苦不再难忍。（毛姆《人性的枷锁》）

乾隆皇帝在位前期，严惩贪官，兴修水利，减免税赋，使得国库充盈，老百姓富足。后人将这一时期与康熙、雍正年间的盛世统称为"康乾盛世"。

不过，到了后期，乾隆皇帝开始贪图享乐，还曾六次下江南，花费巨大，致使国库严重亏空，大清王朝从此由盛转衰。

俗话说，上梁不正下梁歪。乾隆皇帝荒淫无度，官员们也都贪赃枉法，大肆聚敛钱财。这一时期也出现了清朝历史上最大的贪官——和珅。

和珅就像乾隆皇帝肚子里的蛔（huí）虫，总能猜到乾隆皇帝在想什么，因此能投其所好，所以深受乾隆皇帝宠信。

和珅仗着受宠，便拉帮结派，贪污受贿。很多官员见他受宠，也纷纷巴结他，给他送去巨额钱财和金银珠宝。

凡是贿赂和珅的人，一律得到提拔。即便是犯了法，和珅也会想方设法替他开脱。如果碰到那些不愿意给他送钱或者不愿意依附他的人，他从不手软。

在和珅执掌大权二十多年间，国内贪腐成风，国家乱成一锅粥。

乾隆皇帝的儿子嘉庆皇帝对和珅专横跋扈、贪污腐败的行为十分不满，因此等乾隆皇帝一去世，他随即列举了和珅二十条罪状，然后将和珅赐死，并且抄了他的家。

在抄家的过程中，抄出价值连城的珍珠手串两百多件，其中大珍珠比皇帝戴的皇冠上的还要大；稀有的宝石有数十颗，整块的大宝石更是不计其数，远远超过了皇宫里的数量；白银数千万两，藏在墙内的黄金多达两万六千多两……因此，就有了"和珅跌倒，嘉庆吃饱"的说法。

最大的贪官和珅虽然被杀了，但嘉庆皇帝没能改变政治腐败的现象，以致大清王朝的国力越来越衰弱。

作者说　超有料

乾隆皇帝是一个十分精明的皇帝，他能不知道和珅贪赃枉法吗？那么，他为什么不惩治和珅呢？主要有三个原因：一、和珅虽然是个贪官，却也是一个擅长处理国事的能臣，他可以帮助乾隆皇帝处理很多国事。二、乾隆皇帝整天逍遥快活，这需要大笔钱财，而和珅能帮他敛财。三、乾隆皇帝将和珅"养肥"之后，可以留给儿子嘉庆皇帝宰杀。杀掉和珅，嘉庆皇帝不但能得到巨额财富，还能在朝中树立威信。

以身许国

民族英雄不畏生死，虎门销烟

清 林则徐

以身许国，出现在我写给妻子的家书《给妻郑夫人书》："明知禁烟妨碍奸夷大利，必有困难，而毅然决然，不敢稍存畏葸(xǐ)之心者，盖以身许国，但求福国利民，与民除害。自身生死且尚付诸度外，毁誉更不计及也。"

以身许国，讲的是民族英雄林则徐虎门销烟的故事。鸦片给中华民族带来巨大灾难，林则徐对此深恶痛绝。所以，他不顾个人生死荣辱，执意销毁鸦片，拯救了很多中国人，同时也拯救了大清王朝。

释 义　将自身的一切献给国家。

近义词　舍生取义、肝脑涂地

清朝时期，英国通过工业革命成为世界头号工业强国，并且生产了大批商品。

随后，英国人将生产的大批呢绒、布匹运到了中国，本想大赚一笔，没想到这些商品成了滞销货。

与此同时，中国的茶叶、丝绸、瓷器等商品却在英国十分抢手。

一心想挣钱的英国人不但没有挣到中国人的钱，反而被中国人挣了不少钱，所以愤愤不平。为了改变这种不利局面，丧心病狂的英国人开始向中国走私鸦片。

鸦片，又叫"大烟"，是一种毒品。一旦染上，很难戒掉。长期吸食鸦片，不但让人倾家荡产，还让人面黄肌瘦，有气无力。这也是为什么外国人称当时的中国人为"东亚病夫"。

一时间，很多官员、士兵以及老百姓纷纷吸食鸦片。

就在英国人赚得盆满钵（bō）满的时候，清军的战斗力遭到极大削弱，政治腐败极其严重。如果一直这样下去，国将不国。

于是，林则徐等人纷纷上书请求道光皇帝下令禁烟。林则徐甚至对道光皇帝说："鸦片不除，十年之后，不但朝廷没钱给士兵发粮饷，就连能御敌的士兵都找不到！"

　　道光皇帝顿时意识到了鸦片的危害性，多次召见林则徐，跟林则徐商讨禁烟的办法。

　　不久，道光皇帝正式任命林则徐为钦差大臣，前往广东查禁鸦片。

　　林则徐深知，这是一个十分艰巨并且危险的任务，不过他早已做好为国献身的准备。

　　在前往广东的途中，他还给妻子写信说："我明知道禁烟会

断了外国奸商的财路，一定会困难重重，但我态度坚决，不敢存有半点胆怯之心，我愿以身许国，但求利国利民，为民除害。我已将个人生死置之度外，更不会在意个人荣辱得失！"

一到广东，林则徐立刻下令抓捕烟贩，并收缴了两万多箱鸦片。随后，林则徐将收缴的鸦片悉数运往虎门海滩，当众销毁，史称"虎门销烟"。

为了防止鸦片贩子再从沿海向中国运输鸦片，林则徐还亲自检查沿海的各个炮台，一旦发现运输鸦片的商船，立刻击沉。所以，鸦片贩子再也不敢往中国运送鸦片了。

作者说 超有料

鸦片其实是很难销毁的，却难不住林则徐。林则徐先命人在海滩上挖了两个巨大的水池，然后将鸦片倒入池中，浸泡半天后，再倒入生石灰，池水会立刻沸腾起来。林则徐再命人用铁锄等工具来回搅拌，直到将鸦片全部销毁。为了防止奸人再回收利用，林则徐又命人引江水入池，将销毁的鸦片全部冲走。

吊民伐罪

diào mín fá zuì

一场起义，席卷大半个中国

吊民伐罪，出现在由我主编的《清史稿·洪秀全传》："秀全出令，民人蓄发束冠巾，建高台小别山下，演说吊民伐罪之意。"

吊民伐罪，讲的是太平天国运动的领袖洪秀全讨伐清朝统治者的故事。当西方国家越来越强大的时候，清政府却变得越来越腐朽。因此，当鸦片战争爆发时，清政府只能靠出卖国家利益换取和平。这无疑让原本就不堪重负的中国老百姓雪上加霜。老百姓想活下去，唯一的出路就是响应洪秀全的起义。所以，洪秀全一起义，其队伍便迅速壮大起来。

民国 赵尔巽

释　义	慰问受苦的百姓，讨伐有罪的统治者。
近义词	吊死问疾、除暴安良
例　句	国家这次远征，完全是为了吊民伐罪，并不是好大喜功。你们中间有人不知道我的本意，打算乘此机会，使用奇兵突袭，以博取个人的前途，邀取勋赏。须知我们是堂堂正正的王师，正义的军队，岂可有不光明磊落的行为？所以任何军事行动，都要随时向我报告，听候指示，不可擅自做主。（柏杨《中国人史纲》）

　　清政府查禁鸦片，英国人恼羞成怒，悍然发动侵华战争，史称"第一次鸦片战争"。

　　英军配备的都是步枪、大炮，而清军配备的却是大刀、长矛，清军哪里是英军的对手，所以屡战屡败。

　　清政府一看打不过，只好向英国求和，然后跟英国签订了很多丧权辱国的不平等条约，致使中国从封建社会沦为半殖民地半封建社会。

　　清政府一边讨好英国等列强，一边压榨老百姓，致使民怨沸腾。

　　不久，"拜上帝会"的领袖洪秀全在广西桂平金田村发动起义，建号太平天国，并自称"天王"。

　　随后，洪秀全下令，严禁老百姓留满族发型，并让老百姓蓄发，戴上头巾。与此同时，他还四处发表演说，宣扬吊民伐罪之意。

　　一时间，很多贫苦老百姓纷纷加入太平军，太平军迅速发展到几十万人。

　　没过多久，太平军便攻破了南京等地。随后，洪秀全将南京改名为天京，并定都于此。

　　然而，就在太平军取得了辉煌成就的时候，没想到东王杨秀清却逼迫洪秀全封他为"万岁"，并企图进一步取代洪秀全。

　　洪秀全哪里能忍受，于是召回北王韦昌辉，让他设计除掉杨秀清。

　　韦昌辉一向心狠手辣，不但杀了杨秀清，还杀了他的家属及

其部众两万多人（一说四万多人）。

韦昌辉帮助洪秀全除掉一个大患，原以为洪秀全会感谢他，岂料洪秀全翻脸不认人，将他一并给杀了。

领导集团自相残杀，致使太平天国元气大伤。尽管洪秀全又提拔了一些年轻将领，但依然没能阻止太平天国走向灭亡。

等到第二次鸦片战争爆发，清政府在英、法、美、俄等侵略者的支持下，对太平军进行了疯狂围剿。

不久，洪秀全在内忧外患中病逝。一个多月后，清军便攻破了天京。这也意味着太平天国运动以失败告终。

作者说
超有料

　　太平天国运动为什么会失败呢？主要有两个原因：一、农民阶级的局限性。洪秀全等人目光短浅，并且过于天真。就拿他们颁发的《天朝田亩制度》来说，他们想建立一个"有田同耕，有饭同食，有衣同穿，有钱同使"的理想社会。事实上，这是不可能实现的。二、领导集团自相残杀。太平天国内部的领导者大多怀有私心，为了争权夺利，不惜自相残杀，大大削弱了太平天国的实力，以致最终被清军剿灭。

jī shì bú mì
机事不密
为了变法，密谋劫持太后

机事不密，出现在由我主编的《清史稿·康有为传》："上虽亲政，遇事仍承太后意旨，久感外侮，思变法图强，用有为言，三月维新，中外震仰。唯新进骤起，机事不密，遂致害成。"

机事不密，讲的是维新派人士康有为等人为了替变法扫清道路，密谋劫持慈禧太后的故事。不过，由于康有人等人的保密工作没有做好，导致消息外泄，以致变法被悉数废除。

民国 赵尔巽

释 义	指泄露机密。
反义词	守口如瓶、秘而不宣
例 句	若是机事不密，定会惹来翻天的祸。（蒋胜男《芈（mǐ）月传》）

清朝末年，日本侵略者大举入侵中国，爆发了中日甲午战争。

当时，日本已经通过一场被称作明治维新的改革运动成为亚洲头号工业强国。日本船坚炮利，清军被打得溃不成军，就连最让大清引以为傲的北洋舰队也被日军打得全军覆没。

清政府无计可施，只好派人前往日本的马关向日本求和，并跟日军签订了丧权辱国的《马关条约》，不但赔偿了日本两亿两白银，还将台湾等地割让给了日本。

当清政府与日军签订《马关条约》的消息传到北京时，康有为等人大为愤慨，于是联合正在北京参加科举考试的考生上书光绪皇帝，拒绝跟日本和谈，并请求迁都，变法图强，史称"公车上书"。

不过，光绪皇帝并没有看到他们的奏疏。尽管如此，康有为仍不死心，又给光绪皇帝上书。幸运的是，这次他的奏疏被光绪皇帝看到了。

光绪皇帝是一个有进取心的皇帝，看罢，大为欣喜，于是召见了康有为。

一见面，康有为便对光绪皇帝说："列强纷纷侵略我大清，大清危在旦夕，唯有变法才能拯救大清！"

虽然光绪皇帝贵为天子，但当时大权大都掌握在慈禧太后手中。于是，光绪皇帝叹息道："有太后掣（chè）肘，我能怎么办呢？"

康有为却说："皇上在已经拥有的权力范围内进行变法，足以拯救国家！"

光绪皇帝对此大为赞同。

随后，在康有为等一批维新派人士的支持下，光绪皇帝颁布了"明定国是"诏书，开始进行变法，史称"戊戌变法"。

然而，变法却损害了以慈禧太后为首的守旧派的利益，因此遭到慈禧太后等人的阻挠。

为了清除所有阻碍，康有为等人密谋派兵包围颐和园，劫持慈禧太后。但很可惜，他们还没有动手，机密就泄露了。

慈禧太后大为恼怒，立刻发动政变，先幽禁了光绪皇帝，然后又派兵捉拿康有为等人。

康有为提前得到消息，侥幸逃到了日本，而谭嗣同等六名维新派人士却惨遭杀害，史称"戊戌六君子"。

戊戌变法仅仅持续了一百零三天就失败了，因此又被称为"百日维新"。

作者说
超有料

戊戌变法为什么会失败呢？主要有两个原因：一、守旧派的势力太强大了。慈禧太后**垂帘听政**多年，党羽遍布朝野，而光绪皇帝又没有太多实权，因此维新派斗不过守旧派。二、康有为等维新派人士操之过急。他们在变法期间太过冒进，一受到阻碍，便**铤而走险**，想要劫持慈禧太后，结果反倒被慈禧太后杀个**措手不及**，以致**功亏一篑**。

tiān xià wéi gōng

天下为公
末代皇帝宣布退位

民国 赵尔巽

天下为公，出现在由我主编的《清史稿·宣统皇帝本纪》："是用外观大势，内审舆情，特率皇帝将统治权公诸全国，定为立宪共和国体。近慰海内厌乱望治之心，远协古圣天下为公之义。"

天下为公，讲的是大清王朝的末代皇帝溥（pǔ）仪退位的故事。溥仪即位时，大清已是千疮百孔，外有列强入侵，内有革命军起义。在内忧外患的情况下，清帝选择退位，避免了一场内战和分裂，也是值得赞许的。

释 义	①指国家政权不为某一家私有。②指一种权利平等的美好政治理想。
近义词	大公无私
反义词	自私自利

例　句　尧舜以天下为公。皇上春秋鼎盛、年富力强，正是继
承先帝余绪、宵旰勤政之时。大修园林，恐不符皇上
孜孜求治之至意！（二月河《乾隆皇帝》）

有一天，慈禧太后突然病重，自知时日无多，便将光绪皇帝
的侄子、年仅三岁的溥仪接进了皇宫，并且打算让溥仪继承皇位。

当时，光绪皇帝虽然疾病缠身，但年仅三十八岁，一时半会
儿还死不了。如果光绪皇帝不死，溥仪就无法顺利即位。

奇怪的是，就在慈禧太后去世的前一天，光绪皇帝突然去世
了，溥仪顺利继承皇位，年号宣统。

此前，慈禧太后留下遗诏，让自己的侄女隆裕（yù）太后做太
后，让溥仪的爸爸载沣做监国摄政王。

然而，就在溥仪即位的第三年，孙中山等革命党人发动了辛
亥革命，全国有一半以上的省份纷纷宣布独立，并表示支持革命。

随后，革命军还在南京成立了亚洲第一个资产阶级民主共和
国——中华民国，并由孙中山担任临时大总统。

清政府十分惧怕，连忙任命袁世凯为内阁总理大臣，率军围
剿革命军。

为了通过和平的方式实现共和，孙中山向袁世凯承诺，如果
他能逼迫清帝退位并赞同共和，就将临时大总统的位置让给他。

天下为公

　　袁世凯喜出望外，当即便答应了。

　　于是，袁世凯一边恐吓隆裕太后，一边向大清皇室承诺，如果清帝退位，将给予优待，比如皇帝可以继续使用尊号，民国政府每年还会给予一大笔生活费，等等。

　　在袁世凯的威逼利诱之下，隆裕太后最终答应让溥仪退位。

　　于是，隆裕太后下诏说："如今，全国人民大多倾向共和。南方各省倡议于前，北方诸将倡议于后。由此可见，共和是人心所向。我怎么能忍心因为一家一姓的尊贵与荣耀，不顾天下人的好恶呢？因此，特意率领皇帝将国家的统治权公之于众，定为立宪共和国体。从近的来说，可以抚慰那些爱国人士的心。从远的来说，符合古代圣贤以天下为公的大义。"

随后，溥仪正式退位。这也意味着中国历史上最后一个封建王朝从此灭亡。

作者说
超有料

　　你是不是以为溥仪一生只做过一次皇帝？其实，溥仪一生曾做过三次皇帝。第一次是被慈禧太后册封为皇帝。第二次是在张勋复辟时，被再次扶上皇位。不过，他这次仅仅做了十二天的皇帝。第三次做的是伪满洲国的皇帝，并且做了十二年。伪满洲国是日本人扶植溥仪在中国东北建立的，溥仪只是日本人的傀儡。1945年，日本无条件投降，溥仪在逃跑期间被苏联红军俘虏。1950年，溥仪被引渡回国。随后，他被移交中国政府监禁、改造。1959年，溥仪被特赦，随后返回北京，直到去世。

960 年，宋太祖赵匡胤建立北宋。

961 年，赵匡胤解除禁军将领石守信等人的兵权。【长久之计】

976 年，赵匡胤离奇去世。随后，弟弟宋太宗赵光义即位。
【灸艾分痛】

1004 年，宰相寇准劝宋真宗御驾亲征。次年，北宋与大辽
签订澶渊之盟。【城下之盟】

1069 年，王安石进行变法。

1115 年，完颜阿骨打建立大金政权。

1118 年，北宋计划联合大金灭掉大辽。1120 年，北宋与大
金签订海上之盟。

1125 年，大金灭掉大辽。

1127 年，大金攻破北宋都城开封，俘虏宋徽宗、宋钦宗，
史称"靖康之变"。【不可救药】

1141 年，南宋与大金达成"绍兴和议"。

1142 年，岳飞与儿子岳云一起被冤杀。【莫须有】

1206 年，成吉思汗建立蒙古汗国。【用兵如神】

1234 年，蒙古汗国与南宋联合灭掉大金。【唇亡齿寒】

1271 年，忽必烈改国号为"元"。

1276 年，元军攻破南宋都城，南宋灭亡。

1278 年，文天祥在五坡岭被元军俘虏。

1279 年，崖山之战，陆秀夫背着小皇帝跳海自尽。

1283 年，文天祥被杀。【西台恸哭】

1351 年，韩山童、刘福通发动红巾军起义。不久，韩山童被杀。

1352 年，朱元璋投靠红巾军领袖郭子兴。

1355 年，郭子兴去世，小明王韩林儿任命朱元璋为副元帅。

1366 年，韩林儿因翻船溺水而死。【计无所出】

1368 年，朱元璋称帝，并建立大明王朝。【受制于人】

1380 年，胡惟庸因谋反被杀，受牵连者高达三万多人。【株连蔓引】

1399 年，朱棣发动靖难之役。

1402 年，朱棣攻破都城南京，建文帝生死不明。【不知所终】

1405 年，郑和下西洋。

1421 年，朱棣迁都北京。

1449 年，明英宗在土木之变中被瓦剌军俘虏。不久，明代宗即位。

1457 年，曹吉祥、石亨等人发动夺门之变，明英宗复位。不久，于谦被杀。【经世之才】

1555 年，戚继光被调往浙江，次年抗击倭寇，并创建戚家军。【名闻天下】

1616 年，努尔哈赤建立后金。【励精图治】

1627 年，崇祯皇帝即位，魏忠贤上吊自杀。【不可胜数】

1630 年，崇祯皇帝中了皇太极的反间计，冤杀大将袁崇焕。
【身败名裂】

1636 年，后金可汗皇太极改国号为"清"。

1644 年，李自成建立大顺政权。不久，攻破北京，崇祯皇帝在
煤山自缢。随后，吴三桂投降清军，并与清军联合打败李自成。
【严阵以待】

1661 年，顺治皇帝去世，年仅八岁的康熙皇帝即位。临终前，顺
治皇帝命鳌拜等四位辅政大臣辅佐康熙皇帝。【弥留之际】

1662 年，郑成功从荷兰人手中收复台湾。

1669 年，康熙皇帝扳倒鳌拜，并将其拘禁。

1673 年，康熙皇帝下令撤藩，吴三桂等三位藩王举兵造反，八年
后被平定。

1708 年，太子胤礽（réng）被废。次年，胤礽被复立为太子。

1711 年，太子胤礽再次被废。【结党营私】

1722 年，康熙皇帝去世，四子雍正皇帝即位。

1735 年，雍正皇帝去世，儿子乾隆皇帝即位。

1796 年，乾隆皇帝禅位给皇太子，自称"太上皇帝"，仍主要政。
同年，嘉庆皇帝即位。

1799 年，乾隆皇帝去世，嘉庆皇帝亲政，诛杀权臣和珅。【不计其数】

1839 年，林则徐虎门销烟。【以身许国】

1840 年，第一次鸦片战争爆发。

1842 年，中英签订《南京条约》。

1851 年，洪秀全在广西桂平县金田村发动起义，建号太平天国，并自称天王。【吊民伐罪】

1853 年，洪秀全定都南京，并将南京改名为天京。

1856 年，第二次鸦片战争爆发。

1860 年，英法联军进攻北京，并洗劫了圆明园。

1864 年，洪秀全病逝，天京沦陷，太平天国运动宣告失败。

1894 年，中日甲午战争爆发。

1895 年，中日签订《马关条约》。

1898 年，光绪皇帝实行变法。不久，康有为等人密谋劫持慈禧太后。密谋败露后，慈禧太后发动政变，幽禁光绪皇帝，并大肆捕杀维新派人士。【机事不密】

1908 年，光绪皇帝、慈禧太后相继去世。不久，宣统皇帝溥仪即位。

1912 年，中华民国成立。2 月 12 日，溥仪宣布退位，大清宣告灭亡。【天下为公】